中公新書 2794

大石奈々著

流出する日本人——海外移住の光と影

中央公論新社刊

はじめに

日本人の海外移住への関心が高まっている。近年、海外で働く日本人の状況が、様々なメディアで報道されるようになった。外務省の『海外在留邦人数調査統計』によれば、2023年の時点で海外に在住している日本国籍者の数は、約129万4000人。2020年以降、コロナ禍などの影響で長期滞在者は減少しているものの、永住者は増え続け、2023年には約57万5000人と、調査開始以降、最多を記録した。こうした状況は、日本人の「海外流出」とも言われ、話題になっている。

「日本人の若者は内向きだ」とよく言われるが、必ずしもそうとは言えない。海外への長期留学生の数は減っているが、短期の海外留学・研修プログラムに参加する学生たちの数は、コロナ禍を除き全体的に増加傾向にある。また、多くの若者たちがワーキングホリデー・ビザで海外に渡航している。

日本人の海外移住に関するメディア報道が増える中、海外での賃金の高さなどを強調し、移住を薦めるかのように見える記事や番組も散見される。だが、高い賃金をめざすことだけが、海外移住の主な動機なのであろうか。筆者のインタビュー調査では、高い給与を第一の理由として海外に移住した日本人はほとんどいなかった。移住コンサルタントの多くも「大多数の日本人は高い給与を最大の目的とはしていない」と述べていた。移住とは、複合的な要因からなる決断であり、プロセスだ。実際、世界中の研究者たちは、経済的要因だけでなく、社会的・政治的・環境的な要因も海外移住に影響していることを明らかにしている。

日本人の海外移住には、留学、ワーキングホリデー、海外駐在、技能ビザでの就労、国際結婚、教育移住、退職移住など多様な形があり、それぞれ異なる特徴や課題がある。短期や長期、永住を視野に入れている場合やそうでない場合など、その意図も様々だ。また、日本人は世界の200を超える国・地域に居住しており、それぞれの場所によって経験は異なる。すでに、多くの研究者たちによって、優れたケーススタディが発表されているが、各国の状況も刻々と変化している。そのため、「日本人の海外移住」についての全体像を把握することは容易ではない。

だが、昨今、海外移住に関するより良い理解を得ることが必要と感じる機会が増えたこともあり、この現象について、分かりやすい形でまとまった分析を提供することの必要を感じるようになった。30年以上にわたり人の国際移動について研究し、自らも「移住者」として

はじめに

海外4ヵ国で23年間を過ごした筆者が、分析を試みることで、日本人の海外移住という現象について関心を持つ方々と、より良い日本の将来について考えていきたいと思ったのが、本書を執筆したきっかけである。

多くの日本人が海外に移住している背景にある要因は何なのか。移住者たちは何をめざし、どのように移住先・就労先の国や地域を決めているのか。また移住後にはどのような壁に直面しているのか。永住権や国籍を取得することでどのように生活が変わるのか。そして、日本人永住者が増えているという事実は、日本におけるどのような変化を意味しているのか。回答が求められている問いは、多岐にわたる。

社会学の分野では「日本人」の定義は幅広く、国籍だけでなくアイデンティティを持つ人々も含まれる。ただ、こうした人々に関する世界規模のデータはない。米国・カナダ・豪州など一部の国々はアイデンティティをベースにした国勢調査データがあるが、他のほとんどの国々はそうした統計をとっていないからだ。また、本書では日本から海外への移住について焦点を当てることもあり、基本的に「日本国籍を持ち、日本から海外に移住した人々」について論じていく。

議論の土台となる資料については、日本および海外で公刊されている既存の研究やデータに加え、筆者が２０１６年から２０２３年にかけて行った海外移住者、日本への帰国者、移住コンサルタント（海外キャリア・アドバイザーなどを含む）、研究者、日本政府関係者ら123名へのインタビュー調査や、ダートマス大学教授の堀内勇作《ほりうちゆうさく》氏と共同で行った日本在住の大卒日本人2415名の海外移住志向に関するオンライン調査にもとづく計量データをベースにしている。海外移住者のインタビュー調査に関しては、豪州を中心としつつ、米国、カナダ、英国、ドイツ、ニュージーランド、マレーシア、シンガポール、フィリピン、台湾、中国、香港、ケニア、アラブ首長国連邦（UAE）への移住者および移住経験者を対象とした。各国の政策や為替レートは原則として2024年1月1日時点のものであり、ご関心のある国の最新の状況については各国政府や大使館の公式情報をご参照いただきたい。

本書は、限られた紙幅の都合上、日本国籍者が多く在住し、移住先としての希望が多いとされている先進国や新興国に焦点を当てる。できる限り包括的にこの問題の全体像を論じたいと努めてはいるものの、すべての国や地域におけるあらゆる移住形態をカバーすることはできない。筆者が十分に把握できていない論点もあるが、その点については、読者の皆様の率直なご指摘を賜り、さらなる研究に活かすことができればと考えている。

なお、本書は多くの研究成果やデータをもとにしているため、註記を付した。ただし、新書という媒体の特性を踏まえて、註記は学術文献を中心とし、各国政府のウェブサイトなどは原則として省略している。

本書が、海外移住についての理解を深め、この事象が内包する日本社会の課題に対処するための新しい視座を提供することができれば、筆者として望外の喜びである。

目次

流出する日本人——海外移住の光と影

序　章　日本人の海外移住の歴史

海外における日本人コミュニティの形成

本書は現代日本における海外移住に焦点を当てるが、その前に日本人の海外移住の歴史について短く概観しておきたい。時代によって状況は異なるものの、日本人の海外移住という事象は長い歴史を持っており、現代に始まったものではない。それぞれの時代に、人々がどのような理由で海外に移住し、そのときの政府がどう向き合ってきたのかを辿ることは、現在の状況に対する理解を深めてくれる。

古代日本から現代までに海外へ渡航した人々の正確な数字は明らかになっていないが、歴史的に日本と海外、特に中国大陸や朝鮮半島、東南アジア地域との人的交流があったことは広く知られている。7世紀に中国の技術や制度を学ぶために派遣された遣隋使《けんずいし》は、最初の正式な海外への「留学生」「長期滞在者」と位置づけられる。

8世紀に渡航した遣唐使たちの中には30年以上も中国に滞在した長期滞在者たちがいる。百人一首で有名な阿倍仲麻呂《あべのなかまろ》はそのうちの一人だ。船の難破などの理由で日本への帰国が叶わず、中国で一生を過ごすことになったが、官僚として出世した。*1 彼は古代日本の最も有名な「海外永住者」の一人と言えるかもしれない。

既存の研究によれば、一定数の日本人が海外に定住してコミュニティを形成するようになったのは16世紀以降だと考えられている。中には、日本人の海外移住の起源を倭寇《わこう》と呼ばれる日本人の海賊が中国や韓国の海岸に出没し始めた14世紀とする説もある。*2 しかし、海外における一定規模の日本人コミュニティについて文献などで確認できるのは16世紀からのようだ。*3

当時は欧州列強による植民地化や貿易の拡大を背景に、ポルトガルやスペインがアジアに進出し、日本とも「南蛮貿易」が始まったことで、その経由地であるアジア各地に商人や労働者、その家族たちが移住し、コミュニティを形成するようになった。アジア域内の貿易が拡大するに伴い、多くの日本人がタイのアユタヤ、フィリピンのマニラ、ベトナムのホイアンなどに移住して「日本（人）町」を形成し、17世紀前半にはマニラの日本人コミュニティの人口は３０００人に達した時期もあった。*4 この時期には南蛮貿易の拡大に伴い、日本人奴隷の人身取引が急速に進んだと言われ、ポルトガルやスペイン、また主要貿易地となったマカオ、フィリピン、ゴアなどだけではなく、スペイン領だったメキシコ、ペルー、アルゼンチンなどにまで日本人奴隷が売られていたという。奴隷となった人々の詳細な情報は明らかになっていないが、誘拐《ゆうかい》による人身取引に巻き込まれた者が多かったと推定されている。*5

鎖国時代

１６１４年に江戸幕府が禁教令を出すと、追放者を含む日本人のキリスト教徒たちはマニラやマカオへと向かった。*6 １６３９年には鎖国が始まって人の移動が厳しく制限され、日本人の正式な海外渡航は途絶える。だが、１７８３年には大黒屋光太夫《だいこくやこうだゆう》の船がロシア領に漂着して10年近くの滞在を余儀なくされ、１８００年代半ばにはジョン万次郎《まんじろう》や浜田彦蔵《はまだひこぞう》らのように、船が難破して米国船に救助されたが鎖国で帰国できずに米国に滞在した例もあった。*7

状況が一変したのが幕末である。幕府によって海外渡航が禁じられていたにもかかわらず、藩主の命を受けて命がけで英国に「密航留学」する者たちが現れてきた。長州《ちょうしゅう》藩士たちや、薩英《さつえい》戦争での敗北をきっかけに薩摩《さつま》藩が極秘に英国へ派遣した留学生らである。その中には井上馨《いのうえかおる》や伊藤博文《いとうひろぶみ》も含まれる。*8 日本の初代総理大臣である伊藤博文は、国交のなかった国に幕府の許可証を持たずに滞在したという意味で、現代の概念では「非正規移住者」とも言える。ただし、英国は当時、入国にパスポートや査証を義務づけていなかったため、英国では「不法移民」ではなかったことも付記しておく。

また、これより遡《さかのぼ》って1860年に、江戸幕府が日米修好通商条約の批准書交換のために派遣した遣米使節団のメンバーの中には、塚原昌義《つかはらまさよし》のように米国に政治亡命し、*9 その後再び帰国して明治政府に奉職した者もいる。こうした密航留学生や亡命者たちは明治期の日本の近代化に大きく貢献した立役者たちであり、まさに「頭脳循環」の先駆けと言えるだろう。

明治時代の海外移住

江戸幕府は開国してしばらくは海外渡航を禁じていたが、労働力不足に陥っていたハワイ王国から要請を受け、1867年に日本ハワイ臨時親善協定を締結し、労働者を送ることとした。しかし渡航が始まる予定だった1868年を迎える前に幕府は大政奉還で権力を失う。明治新政府は幕府の渡航許可を取り消したが、集められた153名の日本人らは無許可のまま出港し、ハワイに渡った。これが「元年者」と言われる明治時代初の「海外出稼ぎ」労働者たちである。*10

　1885年に日本とハワイ王国の政府間で労働移民に関する合意ができると、日本からの本格的な海外移住が始まり、1908年にはブラジルへの移住も始まった。この時代の移住は、貿易を背景としていた南蛮貿易時代のものとは異なり、貧困を背景にした労働者たちが中心であった。明治期の日本は急激な人口増加や経済的混乱、失業問題に直面しており、特に1881年以降は松方《まつかた》財政によるデフレ政策によって、農村に生計が成り立たない過剰人口が急増していた。こうした農村の人口問題の解決と海外からの送金という二重の目的を実現するため、日本政府は海外移民を推奨する政策をとったのである。[*11]

　1898年にハワイ王国が米国の州として併合されると、米国本土やカナダにも多くの若い日本人たちが移住した。当初は「故郷に錦を飾る」ための一時的な出稼ぎが多かったが、滞在が長期化するにつれて定住する日本人も増えていった。[*12]

　もともと日本人の北米への移住の増加の背景には、黄禍論《こうかろん》にもとづく中国系移民に対する排斥と入国禁止による人手不足があった。米国で1840年代から始まった中国人の移住は1860年代の大陸横断鉄道の建設などで急増し、これに白人労働者が反発して排斥運動が始まり、1882年には中国人労働者の入国が禁止されたのである。カナダ政府も、1885年から中国人に人頭税を課して入国を制限し始めた。このため両国内では労働不足が生じ、日本人の労働者が受け入れられるようになった。

しかし、中国人排斥の背景にあったアジア人を敵視する黄禍論は、当然ながら日本人への差別をも招くこととなり、サンフランシスコ周辺では日本人移民への暴力や、子どもたちが公立学校から排除されるなどの事案も起きた。米国では1908年以降、日本人労働者の新規入国が停止され、カナダでも日本人男性の入国枠が大幅に削減された。その後は日本人移民との婚姻目的で渡航する「写真花嫁」の移住が中心となっていく。[*13]

国策としての海外移住の拡大

1924年に米国政府が日本からの移民を全面的に禁止すると、日本人移民の流れは南米へと大きくシフトする。1923年の関東大震災で罹災者の貧困・失業への対策が必要となる中、政府は南米移住を奨励し、1925年には渡航費など移住の諸費用を全額支給するようになった。[*14]

しかし、1930年代になってブラジルでも排日運動が強まると、帰国者も増え始め、1941年が日本からブラジルへの戦前最後の移民船となった。[*15]だが、明治維新からこの時期までには南北アメリカ大陸およびハワイへ渡った人々の数は約60万人を数え、[*16]各地に日本人・日系コミュニティが生まれていた。

戦前の日本人の海外移住の歴史を辿るときに忘れてはならないのは、日本のアジア諸国の植民地化に伴う移住である。日本は1895年に台湾の割譲を受け、1910年に韓国を併合した。そして、1932年には満州国が建国された。アジアにおける植民地支配の過程の中で、国策による移住事業が推進され、約365万人の日本人がこうした「外地」や「勢力圏」に、自発的あるいは半強制的に移住したとされる。[*17]

また、戦前には西欧諸国の植民地経営が本格化していた東南アジアへも7万人以上の日本人が渡っていたことも注目に値する。[*18] その多くが商人や労働者であったが、この中には貧困を背景に出稼ぎや売春を余儀なくされていたり、人身取引の被害にあっていた日本人女性たちも少なくなかった。[*19]

戦後の海外移住

第二次世界大戦後、多くの都市が焦土と化した日本に、旧植民地や戦場からの復員兵や居留民が続々と帰国した。1945年から49年までの引揚者は624万人にも達したという。[*20] こうした引揚者たちの多くは、雇用機会も限られ、日本全体が貧困に陥っていたこともあり、家族・親族や地域社会からは「穀《ごく》つぶし」として歓迎されなかった。さらに、一般社会からも「帝国主義の手先」と批判され、差別や偏見に苦しんだ。[*21]

日本政府が貧困・雇用対策として1952年に再び海外移住を国策に掲げ、ブラジルなどへの渡航費用の立て替えの支援を提供するようになると、日本国内で歓迎されない辛さを抱えた引揚者の一部は再び海外に向かった。[*22] 1954年には外務省の外郭団体として日本海外協会連合会が設立され、各県が募集・選考した移住者の送り出しや移住先国での受け入れに関する手続きを担った。1955年には移住先における土地の購入や、移住地の造成、自営開拓移住者への土地の分譲を目的に日本海外移住振興株式会社が設立されている。[*23] 1963年にはこの二つが「海外移住事業団」として統合され、後の国際協力事業団（現・国際協力機構）の母体の一つとなる。

また、終戦直後には日本に駐留した連合国軍の兵士と国際結婚をし、いわゆる「戦争花嫁」として米国・カナダ・豪州などに移住していった日本人女性たちもいた。当時は珍しかった「恋愛結婚」「国際結婚」の走りでもあったが、背景には経済的な要因もあったと指摘されている。[*24]

戦争直後の海外移住は1957年にピークを迎え、その後は高度経済成長とともに激減した。海外移住事業団が他の組織とともに国際協力事業団として改組された1974年の頃になると、日本は先進国となり、貧困を理由にした海外移住は大幅に減った。国際協力事業団に改組した後も移住支援は続いたが、その数は減少が続いた。

ライフスタイル移住の潮流

しかし、興味深いことに国際協力事業団の『海外移住統計』によると、海外移住者総数は、1983年に2349人という戦後最低を記録した後、翌年から再び少しずつ増え始めている。[*25] 1983年は「バブル期」の直前であり、経済成長率は3・6％で今より高かった。当時米国に次いで世界第二位の経済大国でもあった日本。にもかかわらず、この時期に海外へ永住目的で移住する人々が増え始めたのはなぜなのか。

1980年代に特化した日本人の海外移住者についての研究は残念ながら存在しないが、1990年代初めに日本から豪州に移住していた人々約200名をインタビューした佐藤真《さとうま》知子《ちこ》氏によれば、その多くが「日本の生活の息苦しさから逃避」し、「自由」や「生き方の多様性」を求めて移住した「精神移民」であったという。「日本よりも自由で、個人の権利が守られ大切にされている社会」を望む人々――これは新しいタイプの移住者であり、「経済大国となった日本社会のひとつの産物である」と佐藤氏は論じる。[*26]

また、欧米で国際人口移動に関する研究が進むにつれ、人々が先進国から先進国へ移住する場合、経済的要因よりも「ライフスタイル要因」を重視する傾向があることが明らかになってきた。特に、カナダから米国、そして欧州域内で見られる定年退職者の移動は「ライフスタイル移住」が主要因とされた。豪州においても大規模な調査データがこれを裏づけた。

途上国からの移民たちが「より良い経済機会の追求」を移住の理由に挙げたこととは対照的に、日本人を含む先進国からの移民たちの圧倒的多数が「より良いライフスタイル」を挙げたのだ。[*27]

バブル経済の崩壊と海外駐在システムの変化

1980年代には、円高を背景に、留学やワーキングホリデーなどで海外に渡航する日本人が急激に増えた。ワーキングホリデーとは「二国・地域間の取決め等に基づき、各々が、相手国・地域の青少年に対し、休暇目的の入国及び滞在期間中における旅行・滞在資金を補うための付随的な就労を認める制度」である。[*28] 年齢は渡航先によって異なるが、日本人の場合、制度を利用できるのは18歳から30歳までの若者であることが多い。

ワーキングホリデーをきっかけに、その後永住した人々の中には「ライフスタイル移民」も少なくない。

だが、バブル経済が破綻すると、ワーキングホリデーはより経済的な意味を持つようになる。就職氷河期が訪れたことで、仕事が見つからない新卒者や、非正規労働を転々としていた既卒者らの一部が、ワーキングホリデーを利用して、海外就労に活路を見出すようになったのだ。[*29] こうした若者たちの中には、その後、技能ビザや配偶者ビザに切り替えて永住する者も増えてきた。特に、２００８年のリーマンショックによる派遣切りと再び訪れた就職氷河期により、多くの若者たちが海外をめざすようになる。

また、海外駐在システムの変化の影響も、日本人の海外移住に大きく影響を及ぼしている。海外に在留する「長期滞在者」には、日本から海外へ派遣された駐在員とその家族たちが大きな割合を占めてきたが、海外駐在をめぐる状況も変化しつつある。

通常、多国籍企業が海外に支社や支店を作る場合、本国から正社員が幹部ポストや中堅ポストに送られ、事務職などに採用された現地スタッフの管理を行うことが一般的だ。前者は子どものインターナショナルスクールの費用などの福利厚生を含む潤沢な海外勤務手当を享受することができる一方、後者は現地の物価に合わせた給与のみで特別な手当はない。日系企業の場合、当初は、正社員は日本人、現地採用の多くが非日本人の現地スタッフ、あるいは現地に永住する日本人という形をとっていた。

しかし、１９８０年代半ばに、香港の日系の人材紹介会社が、現地に進出した日系企業向けに日本から現地採用向けの人材を送り出すシステムを確立し、この方式が少しずつアジア全域に広がった[*30]。また、２０００年代、特に２００７〜２００８年の世界金融危機以降、グローバルな企業間競争の激化に伴い、コスト削減のため、多くの多国籍企業が本国からの海外駐在員を減らし、現地採用の社員を増やすようになる。こうした動きに伴い、日本企業も本国採用の駐在員を減らして現地採用を増やす方向に動いており、その動きは現在まで続いている。

日本貿易振興機構（JETRO）による2022年の調査によれば、中国や香港、ASEAN主要国などで、今後1～2年で駐在員を減らす予定の企業の割合が、増やす予定の企業を上回った。一方、現地従業員については、香港を除くすべての主要国・地域で「増加」が「減少」を上回ったという。*31 契約社員などの不安定なポジションにいたり、日本国内でのキャリア・アップに困難を感じたりする若者が、海外の日系企業に現地採用者として就職し、移住するケースは増えている。さらに、海外で起業したり、日系企業以外の企業に就職したりする日本人も増えつつある。

より良い老後を求めて

1980年代後半以降には、日本から海外に移住する定年退職者たちも増加した。円高を背景に、退職金でハワイやカナダ、豪州などに不動産を購入し、年金で悠々自適な引退生活を送ろうとするこうした人々は、まさに「より良いライフスタイル」を追求していた。

そのような状況の中、バブル経済の絶頂期だった1986年、日本政府は再び新たな海外移住事業を計画した。旧通商産業省による「シルバー・コロンビア計画」である。これは当時、円高のメリットを活用し、温暖で治安が良い海外の地域を選び、日本人高齢者が海外で快適に生活できるリゾートを建設するという事業だった。英国やドイツの退職者たちが、気候が温暖で物価の安いスペインに移住して自国民のコミュニティを形成し、質の高い引退生活を送っていた例をモデルにしたという。旧通産省は、豪州、カナダ、スペインなどを候補地とし、退職した日本人の移住者村を建設して老後の海外生活を支援する予定で、１９９２年の実現がめざされていた。*32

しかし、この計画は国内外から「老人輸出」「棄民計画」などの批判を受けて頓挫する。最終的には、対象を高齢者に限定せず「海外滞在型余暇」という新しいライフスタイルを推進するという形に落ち着いた。１９９２年にはロングステイ財団が創立され、海外での長期滞在を希望する人々への支援サービスが始まったが、利用者のほとんどは退職者であった。その後、「海外ロングステイ」「ロングステイ・ツーリズム」は、一定レベルの年金を受給できる層に人気を博すようになる。当初はハワイや豪州をはじめとする先進地域に関心が集まっていたが、２０００年代後半になると、生活費が安く抑えられる東南アジア諸国にシフトしていった。*33

震災、富裕層、コロナ禍

2011年以降は、東日本大震災をきっかけに人々の意識が変化し、日本が抱える長期的な災害リスク、経済リスク、そして安全保障リスクを動機とした海外移住が増え始める。震災直後は、特に子育て世代が放射能の影響などを懸念し、海外に移住した。震災の影響が一段落してからは、日本経済の長期的な展望を視野に入れた教育移住が顕著になってきた。母子留学も増えている。

富裕層の海外移住が顕著に見え始めるのもこの時期だ。特に、2015年に富裕層をターゲットとした出国税が導入されることが決まると、導入前の富裕層による海外移住が急増した。また、2017年頃からは、仮想通貨や、YouTubeへの動画配信、ITビジネスなどで資産を築いた「シン富裕層[*34]」と呼ばれる人々が、資産を保持するため、より税金の安い国へと移住し始めた。

コロナ禍中は、出入国の規制から海外移住は激減し、海外からの帰国者も増えたが、2022年からは、留学、ワーキングホリデー・ビザ、就労ビザで海外に出る日本人が増えている。ただし、以前は人気を博していた退職移住やロングステイ・ツーリズムに関しては、円安や海外でのインフレに加え、諸外国のビザが厳格化したことで、難しくなりつつある。不動産価格や物価が急騰していることもあり、海外で不動産を取得して引退したり、日本と往復したりしながら生活を送ることができる日本人は、限られつつある。

本書の構成

ここまで、古代日本の時代から現代に至る、日本人の海外移住の歴史を振り返って来た。移住の形態は、各時代の日本と移住先の政策や、政治的・経済的・社会的な状況によって異なる。だが、その時々の構造的な制約の中で、多くの日本人たちが悩みつつも様々な理由で移住を決断してきた。日本からの海外移住は突然始まったものではなく、長く豊かな歴史を持っている。

こうした歴史を踏まえつつ、次章からは、近年の状況に焦点を当てながら、日本人の海外移住について詳しく分析していく。第1章では、日本人の海外移住と人口減少との関係や、グローバル経済と労働市場の変化など構造的な人口・労働移動の枠組みを示し、第2章から第4章では、日本人が海外に移住する決断をした多様な背景について探っていく。第5章では、移住先を決める背景となる要因、第6章では、海外移住が内包するリスクを論じる。そして最終章では、海外移住をネガティブに捉えるのではなく、交流人口・関係人口の拡大、グローバル人材の循環と位置づけることの重要性について検討を行い、人材循環を推進するために各国が採用している政策を紹介する。本書を通して、「すべての人にとって住み続けたい日本」のあり方について、読者の皆様とともに考えていきたい。

第1章　日本の人口減少と世界の移民政策——移住をめぐる構造変化

人口減少の影で

日本における人口減少が、近年その深刻さを増している。日本の総人口は2008年にピークとなり、2011年以降、連続して減少している。総務省の人口推計によれば2023年（7月時点）の総人口は1億2451万7000人で、前年同月と比べて60万8000人のマイナスとなった。[*1] この数字には、外国人の流入も含んでおり、日本人の人口だけで言えば、前年同月から82万2000人の減少となる。これは1年で大都市が一つ消滅しているという計算になり、少子高齢化の深刻さを如実に示している。

表 1-1 ●日本人・外国人の流出入数とその人口への影響（単位：千人）

年	総人口	人口純増減数	社会増減数	うち日本人の流出入数	うち外国人の流出入数
2005	127,768	−19	−53	−103	50
2006	127,901	133	1	−60	61
2007	128,033	132	4	−75	79
2008	128,084	51	−45	−110	65
2009	128,032	−52	−124	−77	−47
2010	128,057	26	0	4	−4
2011	127,834	−223	−79	−28	−51
2012	127,593	−242	−79	−23	−56
2013	127,414	−179	14	−23	37
2014	127,237	−177	36	−23	60
2015	127,095	−142	94	−1	95
2016	127,042	−53	134	−2	136
2017	126,919	−123	151	4	147
2018	126,749	−170	161	−3	165
2019	126,555	−193	209	1	208
2020	126,146	−409	42	21	21
2021	125,502	−644	−35	−7	−28
2022	124,947	−556	175	−16	191
合計		−2,840	606	−521	1,129

出典：総務省統計局（2023）『人口推計結果の概要』（2022 年 10 月 1 日現在）

これまで人口減少は、出生数の低下と死亡数の上昇という少子高齢化の文脈のみによって語られてきた。しかし日本人の海外移住も人口減少を考える上で重要な要素の一つである。[*2] この総務省の推計によれば、2005年から2022年における総人口純減数は284万人だったが、同期間の社会増減のうち、外国人の流入による増加数は112万9000人、日本人の海外移住による減少数は52万1000人だった（**表1-1**）。外国人の流入による増加数が2倍以上あることから影響が目立たないが、日本人の海外移住による減少数は無視できない数字ではないだ

図 1-1●海外在留邦人総数の推移

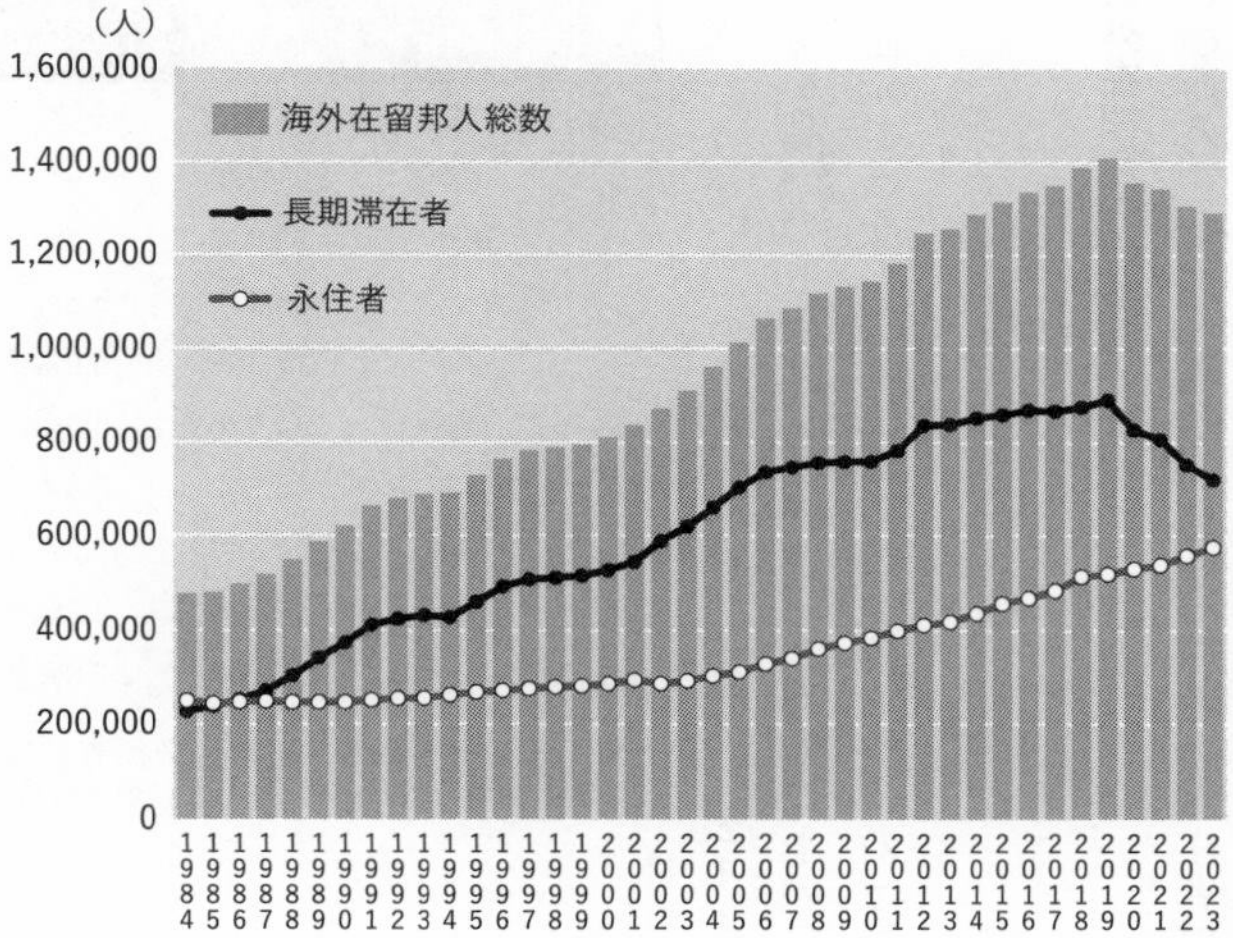

出典：外務省『海外在留邦人数調査統計』（2023年10月1日現在）をもとに筆者作成

ろうか。

　外務省の『海外在留邦人数調査統計』によれば、海外に３ヵ月以上滞在する長期滞在者と永住者の合計は、２０２３年10月１日時点で約１２９万４０００人。永住者は、１９６８年の調査開始以降、最多の約57万５０００人。コロナ禍で日本からの長期滞在者が減った２０２０～２０２２年でさえも、永住者の数は増え続けたことは注目に値する（図１‐１）。

　海外在留邦人が最も多く滞在しているのは米国（41万４６１５人）で、次いで中国（10万１７８６人）、豪州（９万９８３０人）、カナダ（７万５１

12人)、タイ(7万2308人)が続く(表1‐2)。日本人が永住先として選ぶ国として最も人気が高いのもやはり米国で、20万人以上の日本人の永住者を擁する。一方、中国は主要な永住先ではなく、永住者が二番目に多いのは豪州、次いでカナダ、ブラジル、英国が続く(表1‐3)。

表1-2●海外在留邦人総数 上位10ヵ国

順位	国名	在留邦人数	全体における割合
1	米国	414,615	32.1%
2	中国	101,786	7.9%
3	豪州	99,830	7.7%
4	カナダ	75,112	5.8%
5	タイ	72,308	5.6%
6	英国	64,970	5.0%
7	ブラジル	46,902	3.6%
8	韓国	42,547	3.3%
9	ドイツ	42,079	3.3%
10	フランス	36,204	2.8%

出典:外務省『海外在留邦人数調査統計』(2023年10月1日現在)をもとに筆者作成

表1-3●日本人永住者総数 上位10ヵ国

順位	国名	数	全体における割合
1	米国	228,178	39.7%
2	豪州	63,055	11.0%
3	カナダ	51,950	9.0%
4	ブラジル	42,748	7.4%
5	英国	28,952	5.0%
6	ドイツ	18,263	3.2%
7	韓国	16,236	2.8%
8	フランス	15,232	2.7%
9	ニュージーランド	12,164	2.1%
10	アルゼンチン	10,530	1.8%

出典:外務省『海外在留邦人数調査統計』(2023年10月1日現在)をもとに筆者作成

海外在留邦人の数は

この海外在留邦人数は、長期滞在者と永住者の二種類のカテゴリーからなる。長期滞在者の職業に関しては、民間企業関係者、自由業関係者、留学生・研究者・教師、報道関係者、政府関係職員、その他という六つのカテゴリーがある。２０１８年以降の職業別データは非公開になっているが、２０１７年のデータでは、民間企業関係者が最多で全体の53・4％、次いで留学生・研究者・教師（20・8％）、自由業関係者（5・6％）が多かった（図１‐２）。長期滞在者の増加は、日本企業の海外進出や、教育・雇用のグローバル化を表しているとも言える。

図 1-2●長期滞在者の職業別内訳

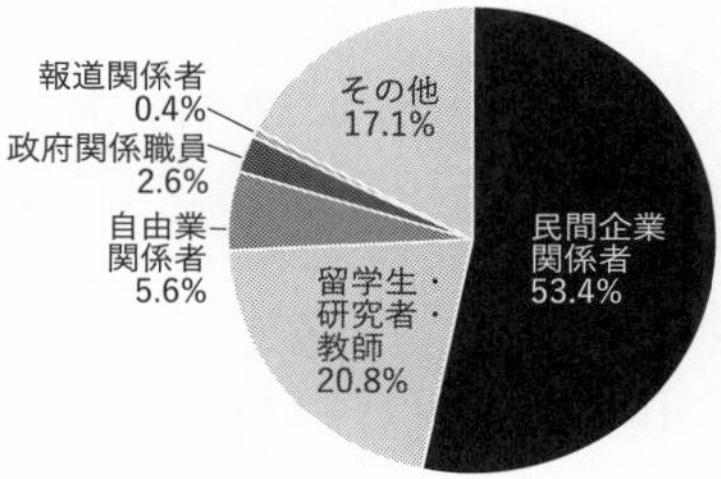

出典：外務省『海外在留邦人数調査統計』（2017年10月1日現在）をもとに筆者作成

一方、後述するように、こうした長期滞在者の中には、永住権の取得をめざす永住者予備軍も少なくない。永住者には、就労するために海外へ移住し、永住権を取得した人々や、国際結婚をした日本人などが含まれる。だが、性別以外の詳しい属性データは公開されていない。

またこの統計は、日本人の海外移住を１００％正確に把握できるものではないことに留意する必要がある。このデータは、日本国民が海外に出て３ヵ月以上滞在する際、最寄りの大使館や総領事館に提出する「在留届」を基礎資料として作成されている。

だが、実際には在留届を提出していない日本人はおり、日本に帰国する際に帰国・転出届を出さない人たちもいる。

また、在留届の記入は自己申告であり、外国政府から永住権を付与されているかどうかという質問事項も含まれていないため、海外の国々で永住権を持つ日本人が実際どれだけいるのか、正確な数は把握されていない。

ジェンダー的側面

日本から海外への移住者は、全体として女性が多い（図1－3）。1998年まではほとんどの年で男性の方が多かったが、1999年以降は女性が男性を上回るようになり、2023年10月1日時点で全体の53・7％が女性であった。長期滞在者に関しては、企業の駐在者における男性の比率が高いことを反映してか、男性のほうが多い（53・2％）が、永住者に関しては女性が多い傾向が続いており、62・3％が女性である。この理由としては、後述するように、留学やワーキングホリデーなどで滞在中に、現地でパートナーを得て国際結婚をする女性、また永住を視野に海外で職を得て働く女性たちが多いことが指摘されている。

先進国においては、日本人移住者における女性の割合は特に高い。カナダでは過去20年間

図 1-3 ●海外在留邦人（男女別）の推移

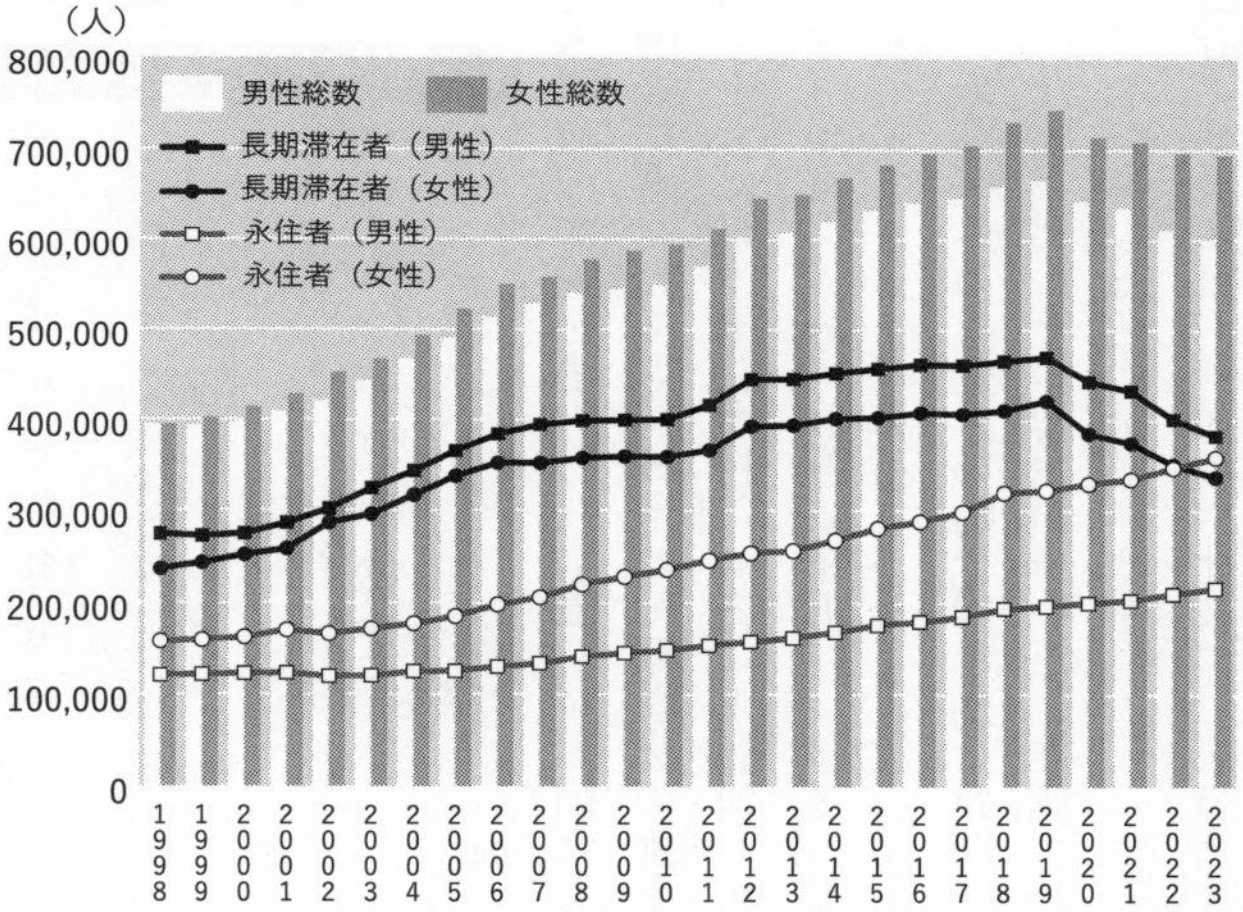

出典：外務省『海外在留邦人数調査統計』（2023年10月1日現在）をもとに筆者作成

にカナダに移住したアジア系住民の中で、日本人は女性の割合が76%と最も高かった。[*3] 豪州でも、日本生まれの移住者のうち70・1%が女性であった。これは他の出生国グループの平均（51・7%）と比べて20%近く高い数字である。[*4] なぜ日本人移住者の中では女性の割合が際立って多いのだろうか。海外移住のジェンダー要因については、既存の研究や海外で働く女性たちへのインタビュー調査の結果を交えつつ、第3章で詳しく論じる。

国籍を維持する日本人

また、日本人移住者の多くが、移住先の国でも日本国籍を維持している。永住権を取得してから一定期間が経ち、現地

表1-4●米国における永住者の帰化率（米国籍の取得率）

出身国	帰化率(%)
ベトナム	88
フィリピン	85
韓国	82
インド	78
中国	75
ドイツ	72
英国	63
カナダ	61
日本	**47**
全永住者平均	74

出典：Donald Kerwin, Robert Warren, and Charles Wheeler (2021). 米国国勢調査局データにもとづく
注：この表では帰化申請資格を持つ永住者が5万人以上いる24の出身国グループのうち主要国を記載

で国籍を取得する「帰化」の申請ができる資格を得ても、申請をしない人々は多い。

ちなみに、「国際結婚をした人は、自動的に国籍が配偶者の国籍に変更される」と誤解されることもあるようだが、実際には新たな国籍の取得と日本国籍の離脱を選択しない限り日本国籍を保持し続けられる。海外で日本人以外の配偶者と国際結婚をしても、日本の国籍をそのまま維持し、その子どもにも20歳に達するまで外国籍とともに日本国籍を持たせることは決して珍しくない。

2019年の米国の国勢調査局データを用いた分析では[*5]、帰化資格を持つ人が5万人以上いる24の移民グループの中で、日本人の帰化申請率は47%と最も低かった（表1-4）。これは、米国全体の永住者の帰化率平均（74%）を大きく下回っている。日本が複数国籍を認めていないことがその理由の一つだと推測されるが、同様に複数国籍を認めていない中国は75%、インドも78%と帰化率は高い。

既存の研究では、移民の帰化については多くの研究がなされており、語学力や適応力とい

った個人の属性だけでなく、移民コミュニティの影響、出身国の国籍に関するルールや経済的・社会的状況などが帰化の決断に影響を及ぼしているとされている。

筆者がインタビューした海外移住者たちも、全員が日本国籍を維持しており、理由として、日本人としてのアイデンティティの強さ、親の介護や自身の老後を見据えた帰国の選択肢を残しておきたいなどの希望が背景にあった。ただ、第6章でも論じるように、帰化しないことによるデメリットもあり、実際には多くの移住者が複数国籍の実現を希望していた。

高い賃金が目的か

ギャラップ社の2022年国際比較データによれば、日本人の大卒者で海外への永住を希望する割合は25・4%だった。これは米国（17・5%）やドイツ（10・2%）、フランス（12・5%）などの先進国と比べて高かった。*6 中国とインドは、それぞれ3・0%と12・0%で、日本の海外移住志向は、こうした新興国と比べても高いと言える。

筆者と堀内勇作氏が2019年から2020年にかけて行った大卒の日本人に対するオンライン調査では、今後海外に「長期移住するための情報収集や就職・転職活動等を行う可能性がある」と回答した人は29・4%だった。この傾向は20代で37・8%、海外に住んだ経験のある人では56・1%と特に高い傾向が見られた。*7

このように海外移住志向が強まっている要因として、多くのメディアが海外における「賃金の高さ」を挙げている。特に、急激な円安が話題になった2022年以降、新聞、テレビ、雑誌などのメディアがこぞって「日本人の海外出稼ぎ」について報道するようになった。米国で寿司職人になり年収8000万円を稼ぐ人や豪州の農場労働者として月収50万円を稼ぐ若者についてなどの報道が増え、海外で働く日本人への注目がにわかに高まった。

確かに、日本の平均賃金はG7（先進7ヵ国）では最も低く、OECD（経済協力開発機構）加盟国の平均も下回るようになったことは否定できない。[*8] 他の先進国で得られる賃金が、相対的に高くなっていることは事実だ。

しかし、最近の海外移住が賃金格差だけによるものであるとは言い切れない。株式会社ロコタビが196名の海外移住者を対象とした2023年のアンケート調査では、移住の動機として経済的な理由を挙げた回答者はゼロであった。[*9]

例えば、海外の農場や工場、レストランなどで期限つきの就労に従事する若者たちがいる。多くは、1年から3年を上限としたワーキングホリデー・ビザを持つ、いわゆる「ワーホリ」の若者たちだ。こうした若者たちの皆が出稼ぎ目的で渡航しているわけではないことはあまり知られていない。

筆者が実際にインタビューした豪州の「ワーホリ」の日本人の中で、高賃金を最大の目的として来た者はほとんどいなかった。2022年以降、メディアの報道が過熱した後に渡航してきた若者たちに話を聞いても同じであった。

もちろん、働く国を選ぶ際に豪州の最低賃金が高いという認識はあり、貯金ができることを期待している人たちは確かにいた。しかし、「お金を稼ぐ」ことそのものが一義的な目的ではなく、グローバルな経験を得ることや語学力をつけることが主目的だと語っていた。

そもそも「ワーホリ」で海外に滞在するためには、情報収集の時間とエネルギーだけでなく、渡航費や生活費もかかり、事前にかなりの貯金が必要だ。ビザの取得に5000豪ドル(約48万円)の残高証明書も要る。だが、海外に到着しても仕事が見つからないまま、貯金を使い果たしてしまうリスクもある。そのため、ある若者によれば、単にお金を貯めることだけが目的ならば、日本で建設現場や夜勤バイトなど高時給のアルバイトについたほうが早いという。メディアによる「ワーホリ」の海外出稼ぎの報道について、一部の若者たちからは「違和感がある」「まるで自分たちが賃金目的でここに来ていると決めつけている」「日本の賃金が低いことを問題化したい」制作側の結論が最初から決まっているように感じた」という声が上がっていた。

もちろん、中には高賃金を目的に来ている人たちがいるのも事実で、そうした人が増えてきたという話は聞く。だが「仕事が見つからない」「貯金ができない」という声はSNS上に溢れており、そういった情報がある中でもなお高賃金だけを目的として渡航している若者が多数派を占めているのかは疑問だ。

海外移住は賃金だけによって決定づけられるわけではない。序章でも述べたように、日本の賃金が世界のトップレベルにあったバブル期でも、日本人の海外移住は増えていた時期があった。また、筆者がインタビューした高度人材の人たちの中には、日本にいたときよりもポジションや年収が下がった人たちもいた。そこまでしながら、海外への永住を決断するのはなぜなのだろうか。海外移住とは複合的なプロセスであり、社会的・政治的・環境的な要因も影響している。次章以降では、そうした複数の要因に触れながら、日本人の移住の決断の背景について詳しく論じていく。

グローバルな移民政策の変化

海外移住は、個人の意思だけではなく、グローバル経済の変化や国の政策などに大きく影響される。その中で最も大きな要因となるのが、各国の外国人受け入れ政策だ。グローバルな知識経済の発展と拡大に伴い、1990年代半ば頃から米国・カナダ・豪州など伝統的な移民受け入れ国だけでなく、欧州諸国や多くの新興国が高度人材の受け入れ政策を打ち出すようになった。

２０００年代からは科学技術や金融などの分野における国際競争力を高めるため、各国政府は人材確保に積極的に関与し始めた。ＥＵ諸国はブルーカード・プログラム、中国は各学問分野におけるリーダー的人材を受け入れるための百人計画・千人計画、韓国は優秀な金融専門職・ＩＴ技術者・科学者などに永住権と地方参政権を付与するゴールドカード・サイエンスカード制度の例などに見られるように、各国で続々と積極的な施策がとられるようになり「高度人材をめぐるグローバル競争」が一気に加速した。[*10]

また、各国の間で、政策の相互学習や制度移転が行われ、高度人材の受け入れ政策において「模倣的同型化」と呼ばれるプロセスが進んだ。多くの国々でポイント制や永住権の要件緩和など、共通項が見られるのはそのためである。これは、ホリフィールドらの研究者が主張してきたグローバルな「政策的収斂《しゅうれん》」（policy convergence）の表れである。[*11]

しかし、２００７～２００８年の世界金融危機以降、コロナ禍の直前の２０１９年までは、移民や難民の急増への反発から反外国人感情が醸成され、ナショナリズムが高まった。これにより、熾烈化していた「高度人材をめぐるグローバル競争」は、いったん落ち着きを見せる。シンガポール政府が、国内世論に抗しきれず、高度人材の受け入れを抑制し、自国民の高度人材化にシフトしたことや、米国のトランプ大統領が就労ビザの発給を大幅に削減したこと、また豪州やニュージーランドでも高度人材の受け入れ要件が厳格化されたことは、その例である。

世界的には、第四次産業革命（Industry 4.0）の進展により、高度人材の受け入れは続いたが、多くの国々で、認定される職種や要件の範囲が変更され、豪州のように受け入れ人数を減らした国も出てきた。[*12] さらに、2020年3月以降、コロナ禍による入国制限が始まり、約2年にわたり世界中で人の移動が大幅に制限された。

コロナ後には、ほとんどの国が移民の受け入れを再開・拡大したが、2023年には規制をかけ始めた国も出てきている。豪州では住宅不足や家賃の高騰などから、今後2年で移民の純増数を半減させると発表した。[*13]

高度な技術・技能を要する分野以外で外国人が就労する国々も、もちろんある。これまでの研究で、どの国においても、安定した雇用機会と収入を得られる第一次労働市場と、雇用が不安定で給与も低い第二次労働市場に二分化され、外国人は後者に編入されやすいことが指摘されてきた。[*14] ワーキングホリデーの若者たちはその一例と言える。

また、近年では、基本的にどの先進主要国も、受け入れる外国人は、（1）富裕層や投資家・起業家、および（2）自国民が不足している職種の人材が中心だ。後者の範囲は広がりつつあり、IT技術者や医療従事者、シェフなど、それぞれの国で労働需給が逼迫している職種に就労ビザが発給されるようになっている。

デジタルノマドの出現

もう一つ、近年、海外移住が拡大してきた背景として、「働き方」の変化が挙げられる。情報通信技術の進展によって、物理的な場所や時間に縛られず、移動しながら仕事も余暇も楽しむ新しいライフスタイルが生まれている。こうした生き方を体現する人々を「デジタルノマド（遊牧民）」と呼ぶ。[*15] デジタルノマドの中には電子機器の発達とインターネットの普及によって、国内を移動するだけでなく、国境を越え、海外で働く者たちも増えている。

２０２２年時点で、世界に約３５００万人いるとされるデジタルノマド。男女比は半々で、30代が最も多く、約7割が大卒以上だ。滞在先での支出金額は1年間に７８７０億ドル（約１１０兆円）とその規模の大きさにも注目が集まっている。起業家・事業者が約8割だが、会社員も約2割いる。[*16]

日本でも、２０１０年代半ば以降、日本から発注された仕事を海外でこなし、ネット上で納入するデジタルノマドの若者たちが少しずつ増えてきた。最近では日本国内でデジタルノマドの海外就業を支援するサービスも出てきている。さらに、デジタルノマドの出現に積極的に対応する国々が現れてきたことも、海外移住の拡大を後押しした。デジタルノマドたちを誘致すべく、ドイツやフランスなどの欧州諸国がフリーランス・ビザを発給するようになったのだ。

特に、2020年からのコロナ禍は、こうした傾向に拍車をかけた。コロナ禍は世界における人の移動を激減させたが、各国でオフィスが閉鎖され、在宅のリモートワークが定着すると、この変化を逆手にとる国々が現れてきた。欧州諸国に加え、UAE、ジョージアなど様々な地域の国々が、激減した観光客数の穴を埋めるべく、国外からリモートで働ける人々を呼び込もうと、デジタルノマド向けのビザを発給し始めたのだ。もちろんコロナ禍の最中でさえ、すべての会社が従業員に海外での就労を許可したわけではないが、100%リモート勤務になった会社の中には、どこで働いても良いというところもあった。また、国境を閉鎖していた国も多かったが、そうではない国々もあった。若いフリーランサー・起業家たち、そしてフレキシブルな企業で働く会社員たちの中には、各国の政策に敏感に反応して移住した人々がいたのだ。

デジタルノマド向けのビザは、基本的には海外で雇用されて収入を得ている人か、フリーランスで働く人、起業家などに発給されるため、自国民の仕事を奪う恐れがない。受け入れ国側にとっては、物やサービスを消費してお金を落としてもらえるというメリットがある。さらに、こうした人々の仕事やビジネスがうまくいけば、自国民の新たな雇用の創出につながる可能性もある。

デジタルノマド・ビザの発給は、コロナ禍が収束した現在でも続いている。教育水準が高くスキルを持つ人材や起業家たちを海外から誘致することによって、自国に投資やイノベーションをもたらしてくれるという期待があるからだろう。コロナ禍が明けると、さすがに100%リモートでの仕事を許可する企業は減ったものの、人材不足の企業の中には、優秀な人材をひきつけるためにリモートで働きたい人を採用するところも出てきた。2023年にはデジタルノマド・ビザを発給している国・地域は54にのぼっており、*17 日本政府も2024年に導入を決めた。*18

デジタルノマド・ビザの有効期間は、国によって異なり、4年という長い国もあるが、短い国は3ヵ月〜1年にすぎない。また、デジタルノマドたちの多くが、旅をしながら仕事をしたいと考えているため、必ずしも定住や永住を望んでいるわけではない。前述した海外の調査では、66%のデジタルノマドたちは、一つの国につき3〜6ヵ月しか滞在を希望していなかった。

デジタルノマド・ビザ以外でも、複数の国境を越えて働く人々が増えている。第2章で論じるワーキングホリデー制度を利用する若者たちはその一例だ。また、この傾向は若者だけに限られているわけではない。世界中で高度人材の獲得競争が激化していることを背景に、各国政府の政策も、企業の採用方法・雇用形態も大きく変わってきているからだ。筆者の周りにも、米国IT企業の「無期限リモート」正社員（中間管理職）として豪州で働く日本人や、英国企業に所属しつつ日本で働く日本人がいる。グローバルな労働市場の構造や雇用形態が多様化していることの表れだと考えられる。

シチズンシップの商品化

デジタルノマド・ビザのようなニーズは確かに存在するが、長期的に定住や永住を望む人々のほうが依然として多い。その傾向は富裕層においても顕著である。ヘンリー&パートナーズ社によれば、海外へ移住した世界の富裕層は、2024年には過去最大の12万8000人に達する見込みだ。[*19]

この背景にはグローバルな制度変化がある。この30年以上、世界の様々な国が海外からの投資や事業移転を増やすべく、富裕層の誘致を進めてきた。誘致のために富裕層に対して簡易な手続きで国籍を付与する場合があるが、研究者らはこれを「シチズンシップの商品化」と呼ぶ。[*20]「シチズンシップ」（citizenship）という言葉は、日本では「市民権」「市民的権利」と訳されることもあるが、原語では「国籍」やそれにもとづく「権利や義務」、永住権を含む社会の構成員資格など、より広い意味で使われる。「シチズンシップの商品化」は、投資や資産移転をする富裕層に対し、永住権や国籍を付与する制度や政策を指す。

筆者がスイスで働いていた1990年代前半の時点ですでに「Xドルを投資して、我が国の永住権や国籍を取得しませんか」という外国政府による広告が新聞にいくつも掲載されていた。当時は、その広告主のほとんどが中南米などの小国だったが、現在では世界全域に広がっており、要件とされる投資額も上昇している。

欧州のいくつかの国々では、2010年代前半から、資本誘致や観光振興のため一定額を投資すれば居住権を取得できる投資家向けのビザを提供してきた。例えばスペインでは、2013年に「ゴールデンビザ」が導入され、スペイン国内で不動産を購入したり、一定金額の投資をしたりした外国人が居住権を取得できるようになった。当初は2年間の滞在が可能だが、実際に居住する必要はない。その後も5年以上不動産を維持し、継続的に居住すれば永住権の申請も可能となるという。永住権を取得して、一定期間が経てば、国籍を取得することもできる。

しかし、このようなビザを取得した外国人が観光地の物件を民泊用として買い占めたことで不動産価格が急騰し、地元の一般市民たちが家を購入できなくなったという声が上がっており、政府への不満が高まりつつある。欧州議会でも、安全保障上のリスクやマネーロンダリング、脱税などの理由から「倫理的、法的、経済的観点から好ましくない」という批判が出ている。[*21] こうした変化を背景に、2023年にはポルトガルとアイルランド、オランダがゴールデンビザの廃止を決定した。しかし、まだ世界の多くの国で国籍・永住権と投資をリンクさせたプログラムが存在している。

富裕層の海外移住

日本の富裕層や経営者の中には、かなり以前から節税目的で、海外での永住権を取得していた人々がいたが、2011年の東日本大震災後、その傾向に拍車がかかるようになった。筆者がインタビューしたシンガポールの日本人経営者によれば、原発事故や南海トラフ地震など将来再び起こり得る震災の影響を「日本国内における事業リスク」と捉え、海外にリスクを分散するスタンスが加速した側面があった。経営者たちはこれまで「日本が一番安全だと思い込まされていた」が、震災が起こったことで「リスクを分散するのは当たり前の話だと、ようやく気づかされた」のだという。

ただ、2011年以降の富裕層・起業家の海外流出は、単なる「リスク分散」だけではなく、節税という側面も大きかった。いわゆる「武富士《たけふじ》事件」の影響だ。2005年に、消費者金融の大手企業として知られていた武富士の創業者から香港を居住地としていた長男への贈与に関連して約1330億円の追徴課税がなされた。だが、当時の相続税法では、海外居住者への資産贈与は非課税とされていたため訴訟となり、2011年に原告の勝訴が確定した。その結果、国税庁は還付加算金を上乗せした約2000億円を還付することとなった。[*22]

この「武富士事件」をめぐる判決の後、政府による富裕層への監視の目は厳しくなった。2012年度の税制改正で、海外に5000万円を超える資産を持つ人には税務署への報告が義務づけられ（2014年度より施行）、2015年7月からは1億円超の有価証券を保有する人が海外移住する際に15・315％（復興特別所得税を含む）の出国税が課税されるようになった。

未売却の株に対しても課税される制度であることから、出国税が導入された2015年7月まで、日本人富裕層によるシンガポールや香港への移住ラッシュが起きた。2014年に様々なメディアが「富裕層の日本離れ」に関する記事を掲載したことからも、その規模を窺い知ることができる。前出の経営者によれば、日本政府が出国税の導入を決めたことで、「もう待ったなしだ」と感じて導入前に移住を決めた超富裕層たちが多かったという。

日本人富裕層の海外移住は、現在でも続いている。要因は、やはり税制である。海外からの投資を誘致すべく、多くの国々が新しいビザ制度や税制を整えつつあるからだ。所得税、住民税、相続税、贈与税、キャピタルゲイン税がない国々もあり、富裕層や起業家にとってその魅力は大きい。

日本は所得税、住民税、相続税、贈与税、キャピタルゲイン税のすべてがそろっていることとに加え、所得税も最高税率は45％、相続税に関しては最高55％と世界でトップクラスだ。また、株式などの売却益（キャピタルゲイン）はシンガポールやＵＡＥでは非課税だが、日本では原則として20％の税金がかかる。

特に富裕層は、相続税の支払いのために資産の売却などを強いられる場合もある。ある移住コンサルタントによれば、日本における少子高齢化が加速するにつれ、長期的な増税の可能性への危機感を覚える人々が増えているという。

暗号資産と「シン富裕層」の海外移住

移住コンサルタントらによれば、以前は、税制上のメリットのある国、いわゆる「タックスヘイブン（租税回避地）」の居住権や国籍を獲得しても、あくまで書類上のことで、実際にそこをメインの居住地として居住する日本人は少なかった。しかし、最近はその傾向が変わりつつあり、家族を伴って海外に生活拠点を作るケースが増えているようだ。

海外移住をサポートするアエルワールド社代表の大森健史《おおもりけんじ》氏は、２０１７年以降、日本ではビットコインなどの暗号資産やYouTube配信、ＩＴビジネスなどで富を築いた「シン富裕層」が急激に増えたことも、海外移住への関心の高まりの背景にあると指摘する。スマートフォンの普及で若い世代でも比較的簡単にビジネスや投資を始められるようになり、成功すれば蓄財できるようになったことが、この層の出現の背景にある。若くして財産を築いた人々が、それを節税によって保持する方法を模索し始め、海外移住という選択肢が視界に入ってきたのである。*23

特に暗号資産の流通の拡大は、ＵＡＥなど、取引による利益を非課税とする国々への「シン富裕層」の移住を後押しした。

＊

本章では、日本人の海外移住と人口減少との関係、どのような日本人が海外に滞在しているのかなどについて概観した上で、各国における移民政策や税制の変化が日本人の海外移住の流れにどう影響してきたかを論じた。富裕層についてはすでに言及した部分もあるが、そもそもごく一般の日本人が海外に移住しようと考えているのは、どのような理由からなのだろうか。また、その理由はどのように変わってきているのだろうか。

移住研究で、海外移住について論じる場合の基本となるのが「プッシュ要因」と「プル要因」だ。「プッシュ要因」は人を押し出す動機となるもので、本人が自身にとって同じ場所に留まることがマイナスと感じる要因を指す。一方、「プル要因」は人をひきつける経済的・社会的なプラスの誘因だ。それぞれ、個人・家族レベル（ミクロ）、コミュニティ・共同体（メゾ）、国の政策やグローバルな労働市場（マクロ）といった複数のレベルに分けて分析されることが多い。

次章からは筆者がこれまで行ってきた研究、また既存のデータや文献などをもとに、海外移住の動機や背景となったプッシュ要因とプル要因について考察する。

日本人の移住の形態は、ワーキングホリデー、留学、国際結婚、就労、起業、退職移住など、多種多様で、その動機も複雑だ。だが、こうした人々に海外への移住を決断させる共通の志向性もある。いろいろな整理のしかたもあり得るであろうし、その中には重複する要素もあるが、筆者は、「自己実現」「生きやすさの模索」「リスク回避」「豊かさの追求」が共通の志向性として挙げられると考える。移住先によって、それぞれ異なるプル要因があるものの、どこに移住しようと、日本人移住者の志向性はこの四つに収斂されているように見えるからだ。これらは、マックス・ウェーバーの「理念型（ideal types）」の概念のように、本質的な特徴を抽出したものであり、一人の移住者が複数持っていることも多い。次章からは、各志向性とそれを構成している要因について論じていく。

第2章　若者たちの海外移住――ワーキングホリデーの光と影

内向きではない若者たち

筆者がこれまで日本人の海外移住に関して複数のメディアの取材を受けてきた中で、必ず聞かれたのが「日本の若者は内向きなのではないか」という質問だった。確かに2000年代以降、「日本人の若者イコール内向き」という言説が社会に蔓延してきた。しかし、2003年から2013年まで日本の大学で教鞭をとっていた筆者は、若者たちと直接触れ合う中で「本当にそうだろうか」と思うことが多く、こうした言説に懐疑的だった。

一般的に「内向き」の根拠として使われるのは、日本から海外への正規留学生数の減少だ。

確かに海外の大学に1年以上留学する日本人（正規留学生）の数は2004年の8万2945人をピークに2015年まで減り続け、その後若干増えたものの、コロナ禍が始まる直前の2019年では約6万2000人であった。[*1]

この背景には様々な要因がある。一つの大きな要因は経済的ハードルだ。日本ではこの30年で平均世帯年収が低下した一方、[*2]海外の大学の授業料や生活費は大きく高騰し、一般家庭には手が届かなくなってしまった。例えば、米国の大学に正規留学する場合、奨学金が充実した一部の大学を除き、州立大学でさえ1年間の授業料と生活費で500万円以上かかる。文部科学省の2022年の調査でも、海外留学を希望するものの実際にはしていない理由の第一位は「経済的な余裕がないから」だった。[*3]

このような状況を打開するため、日本学生支援機構や、官民の協力で立ち上げられた「トビタテ！留学JAPAN日本代表プログラム（2023年度から新・日本代表プログラム）」が奨学金を提供するようになり、学生たちを支援している。しかし、円安の影響もあり、個人で負担せざるを得ない金額も大きいのが現状だ。

正規入学に必要な語学要件を満たせる学生が減っていることも原因だ。神村玲緒奈《かみむられおな》氏は、TOEFLが2006年から大きく変更され、読解、リスニング、英作文に加えて、会話能力が問われるようになったことが一因と分析する。日本の英語教育では会話は副次的な位置づけで、日常生活で英語を話す機会も限られているため、日本人がＴＯＥＦＬで高得点を取ることがより難しくなった。*4 実際、２０２１年の文部科学省が高校生を対象に行ったアンケート調査でも、「留学したいと思わない」という学生が挙げた最大の理由は「言葉の壁」（52・4％）だった。*5

しかし、文部科学省や内閣府の調査を見ると、マジョリティではないとはいえ、留学を希望する若者たちの割合は３割を超えている。*6

こうした数字を裏づけるように、経済的な負担が低く、語学のハードルも低い短期留学プログラムや海外研修の参加者は増加してきた。日本の大学・短大・高専が海外協定校に短期の留学・研修で送り出した学生数は２０１８年には11万人を超えた。民間の事業者が運営する短期の語学留学・海外研修に参加した中高生、大学生、社会人の数も同年に約8万人にのぼっている。*7 コロナ禍では一時的に数が激減したが、２０２２年からは再び増えてきている。ただ、短期のプログラムでも、渡航費や生活費などはかかるため、希望を叶えられない若者たちもいる。

留学の代替としてのワーキングホリデー

学生時代に経済的あるいは語学的な理由で海外に行けなくても、海外への関心を持ち続ける若者たちは少なくない。産業能率大学の調査でも「海外で働きたい」と回答した新入社員は4割にのぼった。[*8] こうした層に人気を博しているのが、ワーキングホリデー制度だ。この制度は事前に語学力のテストがなく、就労ビザなしで働ける。また、学生ビザがなくても、語学学校に通うことができる。貯金が限られていても、仕事が得られさえすれば生活費を補えるため、若者たちの関心は高い。大学を休学してワーキングホリデーで海外に出る若者たちもいるが、全体の割合としては少なく、大多数が社会人として働き、貯金をしてから渡航する人々だ。[*9]

日本は1980年に豪州との間でワーキングホリデー制度を開始したのを皮切りに、2023年8月1日現在では29ヵ国・地域との間で同制度を導入しており、[*10] この40年強の間に延べ50万人以上の日本人がこの制度を利用してきた。[*11]

筆者がインタビューした中には、学生時代に短期留学した人々もいたが、語学力やお金がなかったために留学ができず、社会人になってから海外で生活をするという夢を実現したという人々もいた。ワーキングホリデー・ビザで働く20代の男性は「正規の留学は、金銭面が大変で、英語力が不安だった」と大学時代を振り返る。また別の女性も「大学時代の後悔は、その当時、英語に自信がなく、長期の留学をしなかったこと」だと語る。大学時代にできなかった留学を、ワーキングホリデーという形で実現していたのだ。

もちろん、もともと留学を希望していた人々だけがワーキングホリデーで渡航しているわけではなく、人によって様々な理由がある。次項以降では、昨今の日本人の海外移住の中で、高い注目を集めているワーキングホリデー制度と、これを使って渡航した若者たちに焦点を当てる。なお、日本人のワーキングホリデーに関する研究は比較的古いものが多く、最近（2018年以降）行われた研究は非常に限られており、ほとんどが豪州に関するものだ。そのため、本書は豪州の状況を中心に論じていく。

人気の滞在国

筆者がインタビューした若者たちが、滞在国や地域を決める際に最も重視していたのは賃金の高さではなく、まずは英語圏であること、そして入国の容易さだった。すでに第二外国語として韓国語や中国語を学んだ、あるいはこうした言語を学びたい若者たちが韓国や台湾などに行って、それから豪州に来たケースもあった。正確な数は不明だが、日本人の若者にとって最も身近な外国語は英語であることから、英語圏を選ぶ若者が多いと推測される。日本に留学・就労していた外国人の友人やその知人を頼って、渡航している若者たちもいた。

英国は、英語を本格的に勉強したい若者や、欧州の文化に関心がある若者に人気がある。ただ、日本人へのワーキングホリデー・ビザの割当ては、2023年まで年間1000名と門戸が狭く、年2回の抽選があった。2024年からは6000名に拡大され、先着順になったため、渡航者は増えることが予想される。カナダも抽選と割当て制度を採用しており、国ごとに上限がある。日本人の割当ては年間6500人だが、応募者が多く競争率が高い。また、申請してからビザが交付されるまでの期間が長く、カナダに行くことをやめたという若者たちもいた。

一方、豪州はオンラインでの申請後、特に問題がなければ数時間でビザが交付される。割当て枠はなく、誰でも簡単にビザが取れて入国できるとあって、日本人の若者に最も人気が高い。コロナ前は毎年約1万人がワーキングホリデー・ビザを取得していた。コロナ禍では入国規制により激減したが、2022年7月から2023年6月末の間にワーキングホリデー・ビザを取得した数は約1万4400人にのぼった。[*12] ビザの取りやすさ以外にも、日本との時差が1〜2時間しかないこと、気候が温暖であること、自然が多いこと、最低賃金が高いことなども豪州を選んだ理由として挙げられていた。

ニュージーランドもオンラインで簡単にビザを取ることができ、安全で自然豊かな国だ。ただ、隣国の豪州より日本との時差が開いていることや、また豪州よりも時給が低く、仕事が豪州よりも見つけにくいといった情報がインターネットやSNSを通じて知られているようで、豪州と比べると希望する若者は少ないと言われている。

渡航動機の四類型

２０１７年から２０２３年にかけて豪州で行った筆者の調査ではワーキングホリデー渡航者のうち正社員として働いていた若者たちが８割を超えていた。日本ワーキング・ホリデー協会が２０１９年に豪州のワーキングホリデー渡航者および経験者に対して行った調査でも約７割が正社員経験があると回答している。*[13] 大企業に勤務した経験のある人、中小企業でも主任や店長などの責任ある職務を任されていた人々もいた。

こうした若者たちが安定した職を捨てて海外に渡航することを決めたのはなぜなのか。２０００年代の研究では、漠然とした「海外への憧れ」や「自分探し」を理由として渡航している人々が多いという結果であったが、*[14] 筆者がここ５年間でインタビューした若者たちの多くは、具体的な目的意識を持って渡航していた。日本における労働市場の変化や、昨今のキャリア教育やガイダンスの成果の表れかもしれない。

藤岡伸明《ふじおかのぶあき》氏は、ワーキングホリデー・ビザで働く若者たちを、日本にいたときの職種や企業規模、雇用形態などにもとづいて「キャリアトレーニング型」「キャリアブレーク型」「キャリアリセット型」「プレキャリア型」という四つの類型に分類した。*[15]

「キャリアトレーニング型」は、滞在中に自分の専門分野における就業経験を積むなど、キャリア・アップを目的に渡航した人々だ。美容師、調理師、スポーツコーチなどがこれに当たる。日本での経験に加え、海外の経験を積むことによって自分の専門性を高めることを目的としている。筆者がインタビューした調理師やパティシエなどは、日本での経験が現地で高く評価され、すぐに仕事が見つかることが多く、中には就労ビザの身元保証人となってくれる雇用主が見つかった人もいた。ワイン業界で働く人が、ワインについてより深く学びたいと豪州のワイナリーで働くために渡航したケースなどもこの例に当たる。

特に「語学力をつけてキャリア・アップをめざしたい」というケースは多かった。専門分野の経験を積むわけではないが、将来のキャリアにつなげるという意味で、こうした人々も「キャリアトレーニング型」に属するだろう。ある男性は、日本で外資系コンサルティング会社に転職したことで、上司が豪州人と米国人になり、急に英語力の向上が必要になったことが、渡航のきっかけになったという。別の30代の男性も、外資系企業に入って同じ状況になったが、周りの友人たちと話していて、将来のキャリアのためには語学が必須だと知り、渡航を決めた。

「[転職に英語力が]必須なところもありますし、アドバンテージになるところも多いです。(中略)会社によっては英語力がないと昇格試験で主任になれないです」とこの男性は語る。

これは、前述した「自己実現」の志向性と位置づけられる動機だと言えるだろう。

キャリア・アップに語学力が必要だと分かっていても、海外の大学や大学院の授業料は高額すぎる。その点で、働きながら語学学校に通うことができるワーキングホリデー・ビザは魅力的である。学生ビザで働きながら語学学校で学ぶ人もいるが、学期中は就労時間に制限があるため、貯蓄が限られている若者にとっては就労制限がないビザのほうが経済的に安心なのだ。

「キャリアブレーク型」は、滞在期間中に、自分の専門分野とは関係ない職種に就く人々を指す。実際、長時間労働と職場のストレスなどで燃え尽きてしまい、「いったん仕事を辞めて休みたい」と渡航してくる人々は多い。海外で語学を学び、仕事もしつつ、心と体を癒やし、リフレッシュしたいと考える人々だ。こうした動機は、「生きやすさの模索」という志向性を示している。筆者がインタビューした人々の中では、特にITエンジニアや教師、看護師・介護士、保育士などの職種に就く者たちに多く見られた。これらの職業は、日本では人材不足であるため、仕事を辞めて海外に出ることに対しても抵抗がなかった。「いつ帰国しても、すぐに仕事が見つかる」というコメントが多く、安心感を持って渡航したことが分かった。

「キャリアリセット型」は、海外に出ることで、これまでの自分のキャリアを見つめ直すことで、新しい方向性を見つけたいと考える人々である。豪州で調査を行った藤岡氏は、こうした若者たちは「雇用と収入は比較的安定しているが、長期的に見た場合の安定性や発展性」に疑問を持ち、「強い不満がない代わりに、仕事で大きな達成感や満足感を得ることもない」、また「漠然とした焦りや物足りなさ」を感じていたと指摘した。*16 筆者がインタビューした中には、このようなケースは少なかったが、キャリアの方向性を変えるために英語を学んだり、日本語教師の資格を取ったりする人々は一定数いた。また、昨今の日本全体の人手不足を反映してか、エンジニアや看護師ほどではないにせよ、どのような職種でも、全般的に帰国後の就職についてそれほど心配していない若者が多かった。

「プレキャリア型」は、まだ社会人経験を持たない休学中の大学生を指す。交換留学に必要な語学力や留学資金が足りない場合、就労ができるワーキングホリデー・ビザで海外生活を送ることで、語学力を上げ、就職活動を有利に進めたいと考える人々だ。

なお、既存の研究や筆者のインタビューでは明らかではなかったが、豪州の日本人コミュニティ関係者の話などを総合すると、現在では以上の類型に加え、経済的な豊かさを追求する「出稼ぎ型」もおり、その数は増えてきているようだ。

以上のように多様な動機やタイプがあるものの、「海外で生活してみたい」「世界を見てみたい」という純粋な好奇心は共通していた。ワーキングホリデー・ビザは30歳までの若者だけの特権ということもあり「今の時期しか得られないチャンスを逃したくない」という若者が多かった。「期間限定でしか得られない海外キャリア」という希少性が魅力となっていたのだ。

また、ワーキングホリデーの若者たちには女性が多いという点についても指摘しておきたい。日本ワーキング・ホリデー協会の2019年の調査によれば、全体の約7割が女性であった。筆者の調査や他の研究者の調査でも女性の多さは際立つ。女性の海外移住の背景に何があるのかについては、第3章で詳しく論じていく。

ノマド化する若者たち

ワーキングホリデーは、必ずしも日本から渡航先の国に行き、1年で帰国するというだけにとどまらない。複数の国を移動する若者たちも増えている。先進国で語学学校に通う費用を抑えるため、最初の数週間はフィリピンの英語学校に通い、その後カナダや豪州、ニュージーランドなどの先進国に渡航して働くケースは少なくない。日本の留学エージェントが、フィリピン留学と、カナダや豪州など、最終目的地での1ヵ月限定ホームステイなどが含まれたパッケージを提供していることが背景にある。

もともと長期滞在するつもりがなくても、海外で働くことの楽しさを知り、別の国でワーキングホリデー・ビザを取得して海外経験を重ねていく人々もいる。カナダや英国、ニュージーランドで働き、豪州に来た人々も少なくない。豪州は最長で3年までの滞在が可能で、そこから別の国に移動する人もいる。筆者がインタビューした中には、豪州で働いた後、フィリピンで就職し、その後カナダに移った人がいる。どの国もワーキングホリデー・ビザに滞在期限を設けているため、永久に働き続けることはできない。だが、途中で留学ビザや就労ビザに切り替え、海外に長期滞在している人々がいる。

こうして働く場所、生活する国にこだわらずに仕事や学びや旅行を続ける「グローバルノマド」[*17]とも呼ばれる若者たちは増えている。すでに第1章で述べた「デジタルノマド」はITツールやスキルを駆使して複数の国を移動しながら仕事する人々だが、「グローバルノマド」は、主にワーキングホリデー・ビザなどで農業や飲食店などを含む、より広い分野で移動しながら働き、学び、旅行しながら生活している人々だ。

このような若者たちが共通して求めているのは、より自由な働き方であり、生き方だ。1990年代から2000年代にかけては、日本で貯めたお金を持って海外を放浪したり、特に仕事や勉強をするわけではなく、海外の日本人宿などに籠って生活を送る「外こもり」と呼ばれる人々もいた。[*18]だが、円安や海外の物価の高騰で、日本で働いてお金を貯めても海外で長く過ごすことができなくなっており、海外で移動しながら働くというスタイルに変わりつつあるのだろう。ただ、時代は変わっても、日本での制約の多い生活から逃れて「自由な生活を送りたい」という気持ちが、多くの若者を移住に向かわせていることには変わりがないようだ。

また、ワーキングホリデー・ビザの若者たちの中には、マジョリティではないものの、永住を視野に入れた人々もいる。こうしたケースについては、次章以降で詳しく論じていく。

ワーキングホリデー・ビザで働くことの意義と課題

ワーキングホリデーは、多くの若者たちにとって、コストを抑えながら、海外で働き、語学を学び、経験を積むことができる貴重な機会となっている。異文化環境で、現地の人々や、外国人の友達を作って交流するなど、「世界が広がる」経験をしている若者は多い。語学力をつけたことで、帰国してからのキャリア・アップにつなげた人々もいる。

ただ、滞在中の仕事は、業種・職種の面で非常に限られたものになる。渡航する若者たちの中には、大企業の正社員や、中小企業の主任や店長といった、スキルや知識を持つ人々が少なくないにもかかわらず、現地で実際にスキルを活かせる人は多くはない。語学のハードルが最も大きいが、ビザ上の制約もある。ワーキングホリデー・ビザは就労ができるものの、豪州では一人の雇用主のもとで働ける期間が6ヵ月までと決められているからだ。コロナ禍の間はこの制約が緩和されていたが、2023年7月からまた復活した。ほとんどの雇用主は、できるだけ長い期間働いてくれる人を雇おうとするため、現地の豪州人が優先される。そのため、ワーキングホリデーの若者が雇われる職種は、現地の豪州人が希望しないものであることが多いのだ。

2019年の日本ワーキング・ホリデー協会の調査*[19]では豪州におけるワーキングホリデー渡航者および経験者の76%が飲食産業に従事していた。続いて多かったのが農業(44%)、清掃業・小売業(各9%)、オーペア業(個人宅での家事・育児サポート業)(7%)である(複数回答)。これらの業種は労働力をワーキングホリデーの若者に依存しており、日本で農業・漁業、製造業が技能実習生を受け入れている状況に酷似している。

豪州において日本人の若者の圧倒的多数が就業するのが飲食業であり、その職場のほとんどが日本食レストランである。「和食」はユネスコの無形文化遺産に認定されるほどその価値が認められており、世界各国に多くの店が存在するが、豪州では特にその人気が高く、大都市には多くの日本食レストラン・居酒屋・カラオケ店が存在する。中国人・韓国人が経営する店のほうが多いと言われているが、日本人が経営する店もあり、日本から来たワーキングホリデー渡航者や留学生が店員として多く働いている。こうした若者たちは日本人の多い場所で働くことを最初から望んでいるわけではないが、語学力の問題で仕事を得ることが難しく、一定の語学力とスキルがあるケースを除き、仕事を見つけることは容易ではない。

しかし、豪州の飲食産業における労働は最低賃金が支払われていないケースが常態化していることで知られており、日本食レストランもその例外ではない。豪州の法定最低賃金はフルタイムと毎週一定の労働時間が確保されたパートタイム職種の時給が23・23豪ドル（約2200円）、それ以外のパート・臨時雇用者は29・04豪ドル（約2800円）と高いが、飲食産業における日本人の賃金相場はそれよりかなり低いと言われている。前出の日本ワーキング・ホリデー協会の調査ではワーキングホリデー渡航者および経験者が「賃金が最も低かった業種」として挙げたのが飲食業であった。メルボルンのビザサポート業者によると、3〜4年前に政府の大規模な監査が入って以降、日本人が経営する店の状況は改善してきたが、中国人・韓国人が経営する店の時給はまだ低く、最低賃金の6〜7割程度で働く日本人が多いとのことであった。

ビザ延長のための農場労働

日本人に限らず、豪州で1年以上の滞在を希望するすべてのワーキングホリデー渡航者にとって欠かせないのが地方の農業など、労働力不足の分野における就労である。地方における慢性的な人手不足を補うため、豪州政府は地方振興政策の一環として「1年目に地方や一定の業種で88日以上働くとワーキングホリデー・ビザを1年延長、2年目に半年以上働くとさらに1年延長する」という制度をとっている。地方の求人の多くが農業関係で、新型コロナウイルスの感染拡大の直前には、各国から集まった約13万人のワーキングホリデー・ビザの労働者が豪州の農業を支えていた。*[20]

豪州の農場主の多くが人材斡旋業者に労働者の手配を任せており、日本人の若者たちはこうした業者から仕事を紹介されている。日本のメディアでは農場での野菜や果物の収穫によって月50万円ほどの高給を得る若者の例が散見されるが、現実はそれほどバラ色ではない。農作業はハイレベルの語学力は必要でないものの、基本的な上司の指示を理解できるレベルは必要で、理解できず作業がうまくこなせなければ、すぐに失職してしまうこともある。

また、ある農作物の収穫の最盛期に1ヵ月で50万円の給料を得られたとしても、収穫が終われば無職になり、タイミング的にすぐ他の仕事が見つかる保証はなく、仕事が見つかるまでは無収入になる。農場は地方にあるため、車の所有と運転免許証の所持を採用条件に出す雇用主も少なくない。だが、車を購入するための金銭的な余裕がない日本人の若者は多く、仕事がなかなか見つからないケースが多い。さらに、農業は天気に影響を受けやすいため、雨季が長引くと収入がないまま家賃を払い続けることになる。

農場で働く日本人のSNSグループやインターネットのページには、悪徳業者に騙されて賃金が払われなかったり、ビザ延長のために必要な書類を作成してくれなかったり、といった事例が数多く報告されている。しかし、業者が別名で募集をかけたり、日本人に仲介料を払って募集をかけたりすることもあるため、トラブルに陥る若者があとを絶たない。筆者がインタビューを行ったグリフィス大学のカヤ・バリー氏によれば、クイーンズランド州では「ホステル」と呼ばれる安宿が人材斡旋業を兼ねていることが多く、宿を安く提供する代わりに時給から2〜3ドルをピンハネするというシステムが常態化している。欧米からの若者たちも最低賃金以下の時給で働かされていることがあるが、日本人を含むアジア人の時給は欧米人の時給と比べてもさらに低く設定されているとのことであった。

グレーゾーンな「オーペア」

オーペア（au pair）は、海外のホストファミリー宅に住みこみで家事・育児のサポートを提供することで文化交流や語学学習を行うというもので、欧米の若者の間では短期の海外経験として広く人気を博してきた。日本でも少しずつ知られてくるようになり、「オーペア留学」というキャッチフレーズで留学・ワーキングホリデーの斡旋業者が宣伝を行っている。通常のホームステイのように家賃や食費を支払う必要がないため、コストをかけず海外経験を積みたい若年女性の関心を集めている。

各国が詳細な統計をとっておらず、グローバルなレベルでの全体像は不明であるが、その数は増加しつつあると指摘されており、ドイツでは2011年の段階で360ものオーペア斡旋業者が存在し、そのうち一社では16万2000名にのぼる海外のオーペア志望者と4万9000のドイツ人受け入れ家族が登録していた。[*21] 豪州では2014年時点で1万人以上のオーペアが滞在していると推計されている。[*22] 男性のオーペアも少数いるが、圧倒的多数が若年女性である。

オーペア制度にとっての最大の課題は、多くの国がオーペアを国際理解プログラムと位置づけており、労働法から除外する、あるいは豪州のように法的・制度的なグレーゾーンに位置させていることである。労働者性がフルに認められないため、オーペアは「賃金」でなく少額の「手当」のみを受け取る。また、ホストファミリーは1ヵ月前の解雇通知を出す義務もなく、オーペアはある日突然仕事と住居を失うこともある。香港やシンガポールの家事労働者のように渡航・帰国費用を雇用主に支払ってもらうこともなく、雇用契約を結ぶことすらできない。このため、オーペアの待遇はホストファミリー次第になってしまい、運良く親切なホストファミリーに当たれば良いが、そうでない場合には交渉の余地がない場合がほとんどで、ホストファミリーの都合によって内容が一方的に変更されることもある。

オーペアは最低賃金を大幅に下回る報酬で家事・育児サポートを提供することが多く、筆者らの調査では日本人女性の平均時給は約5豪ドル（約480円）と、最低賃金の約5分の

1であった。[*23] 労働内容も政府が定めた「12歳以下の子どもの保育と限定的な家事」という範囲を大幅に超えており、掃除・洗濯・料理だけでなく、ガーデニング、洗車、ペットの世話、糖尿病を患う子どものインシュリン注射を強要された者もいた。セクシャルハラスメント（セクハラ）やパワーハラスメント（パワハラ）などを受けても、辞めると住居と収入を一度に失ってしまい、その場合に外国人が短期で住める賃貸物件が限られているため、忍耐を強いられる場合が多い。

忍耐する若者たち

近年、豪州では様々な調査により、ワーキングホリデー・ビザで働く若者たち、特に日本人を含むアジア出身の若者たちの多くが最低賃金以下で働いている実態が明らかになってきた。筆者の調査を含むいくつかの調査で日本人の賃金は欧米人と比べて低かったが、これを裏づけるように2019年の日本ワーキング・ホリデー協会の調査でも66％が最低賃金以下、7％が無給で働いていたことが判明した。[*24]

特に無給で働いていた若者たちがいたことは注目に値する。これは最近増えている「体験型ボランティア」の影響かもしれない。海外では「食事と住居」および「知識と経験」を提供するプログラムと称して若者を無給で働かせる雇用主が増えており、仕事が見つからず資金が尽きた若者の駆け込み先となっている。「Work for Accommodation（住居と引き換えの労働）」などの名称が使われているため分かりにくいが、基本的には無報酬の労働を若者に提供させるシステムだ。中には住居費となる金額を超える労働時間数を強いるケースもある。住環境も、個室が提供される場合もあるが、プライバシーのない男女共同部屋の場合もあり、不安を感じたという女性の声も聞かれた。

ワーキングホリデー渡航者たちにとって最大の課題は、家賃の高騰に伴う住居不足である。最近は先進国の大都市では家賃が高騰しているだけでなく、空室率も低下しているからだ。2023年半ばの東京都における単身者向け賃貸マンションの空室率は約6％だったが[*25]、豪州の大都市では1％だ[*26]。現地の国民でさえ新しい住居がなかなか見つけられない状況で、安定した職を持たない短期滞在の外国人が家を借りることは容易ではない。筆者がインタビューした若者たちの多くが、一つの部屋にいくつも二段ベッドが入っているようなバックパッカー宿に寝泊まりしたり、シェアハウスで一つのベッドルームを二、三人でシェアしたりしていた。台所やリビングを間借りして寝泊まりしているというケースさえあった。ワーキングホリデー渡航者に限られるわけではないものの、こうした状況が日本の若者たちの立場をさらに弱いものにしている。

筆者の調査では、短期滞在できる宿泊施設が少ないこと、英語が苦手な外国人を雇ってくれる職場も非常に少ないこと、また雇用主に何か言えば失職して路頭に迷うかもしれないという恐れを多くの若者が持っていた。労働基準監督署に相当する公的な救済機関はあるものの、ほとんどがその存在を知らず、知っていても英語で説明や手続きをすることに困難を感じていた。欧米出身のワーキングホリデー渡航者たちの中には雇用主と交渉していたケースもあったが、日本では「沈黙は金」「空気を読む」といった価値観や、問題が生じた場合には「自己責任」をとることを求める風潮があるため、黙って忍耐している若者が多かった。[*27]

日本ワーキング・ホリデー協会の調査では、最低賃金以下で働いていた若者の75％は、「何も行動を起こさなかった」と回答している。18％が友人に相談したものの、実際に雇用主と交渉した若者は9％、救済機関に相談したのは3％、大使館・総領事館に相談したのはわずか1％であった（複数回答）。

行動を起こさなかった理由（複数回答）としては、「期間が決まっているので耐えられると思った」（43％）、「海外経験を積めるメリットがあるので仕方ないと思った」（28％）と現状を受け入れた若者が多かった一方で、「どこに相談すればいいのか分からなかった」（24％）、「英語で問題解決は困難だと思った」（21％）と、何か行動を起こしたくても起こせなかった若者たちも多かった。「仕事を失うことを恐れた」という若者も24％にのぼった。[*28]

筆者の聞き取り調査ではセクハラも懸念事項として浮かび上がってきた。英語の不得意な外国人が短期で仕事を探すことは困難で経済的にも厳しいことから、セクハラに直面しても我慢しがちである。特に豪州の農場は比較的閉ざされていて若い女性へのセクハラが起こりやすく、日本人を含むアジア人女性はセクハラの対象になりやすいと言われている。

若者の多くはビザの延長に必要な「88日間以上の地方あるいは一定業種における労働」という条件を満たすために農場で働いているが、途中で仕事を辞めた場合、次の仕事が見つからなければビザの延長ができなくなるため、忍耐を強いられることが多いのだ。

メルボルンの人材斡旋業者によると、セクハラは農場主やマネージャーからだけでなく、ホステルやシェアハウス内でも起こることがあるという。前述のバリー氏は「上の人に訴えるなどの行動をとればホステルから追い出されたり職を失ったりする恐れもあるため、泣き寝入りするケースがある」と指摘する。

コロナ禍と物価急騰の打撃

コロナ禍では、観光客や留学生の入国が停止されたことによる経済への打撃は大きく、日本人の若者の雇用状況も厳しさが増した。特にロックダウン下に陥ったメルボルンでは多くの若者が失職し、メルボルンの日本人団体の代表によると、半年間で約6割の若者が経済的理由から帰国した。残り約3割の若者はシドニーやブリスベンといった、コロナ感染の影響をあまり受けていない都市に移動し、残りの約1割はメルボルンに残留し、飲食店の持ち帰り・宅配サービスなどの仕事に従事しつつ、貯金を切り崩しながらの生活を余儀なくされた。ワーキングホリデー・ビザや就労ビザなどで滞在していた日本人は、日本の住民票を抜いていたため、日本政府からコロナ給付金を受け取ることができなかった。また、豪州でも非永住外国人であることから、2021年7月まで給付金の申請ができなかった。コロナ禍で失業率が高くなっていたときは、経済的にもメンタルヘルス面でも、残留している日本人の若者の状況が非常に困難なものになっていた。

コロナ禍が明け、ようやく普通の生活が戻ってはいるが、物価や家賃の高騰で、ワーキングホリデー渡航者たちにとっては厳しい状況が続いている。「住む家が見つからない」「仕事が見つからない」という投稿が、頻繁に現地の日本人コミュニティのSNSサイトで散見される状況だ。

日本の若者たちに人気の高いカナダでも家賃や生活費が急騰しており、カナダ在住の日本人によれば、状況は豪州と非常に似ているという。日本では「海外出稼ぎ」がメディアで取り上げられて盛り上がっているが、一定の職がある日本関係の飲食業界を除くと、カナダでも、日本から来た人たちの就労は容易ではなく、報じられているほど「バラ色の海外出稼ぎ」ができているわけではない。特に飲食産業は、チップ制度があるお陰で給与とは別の収入が入るとはいえ、日本のメディアで報道されているほど高額な給与を従業員に支払っているわけでもなく、報道に怒っている日本食レストランのオーナーたちもいるという。カナダでも豪州でも、当然ながら、うまく新しい環境に適応して生活を楽しんでいる人たちはいる。メディアでの報道にあるような恵まれた状況で働く若者たちである。同時に、仕事や家が見つからず、あるいは見つかっても家賃や生活費が高すぎて貯金を使い果たしてしまい、極端な低賃金労働をするか、短期間で帰国するかを迫られる若者も少なくない。仕事や住む場所が見つからず、日本人コミュニティにSNSで助けを求める人々はあとを絶たない状況だ。

より良いワーキングホリデー経験のために

経済のグローバル化が進展し、英語力、異文化コミュニケーション能力などの「グローバル人材」としての特質が重用される時代にあって、低コストで1〜3年間の海外経験を可能とするワーキングホリデー制度は人気を博し、多くの若者たちに貴重な経験を提供してきた。本来の趣旨にかなった雇用機会や賃金が提供される限り、今後も支持されていくであろう。

しかし、一方で、豪州をはじめとする国々でワーキングホリデー制度が「海外からの安価な非正規労働者の確保」という側面を拡大しつつあり、若者たちが「使い捨ての低賃金労働力」として利用されている現実もある。多くのワーキングホリデーの若者は単身で海外渡航するが、留学エージェントを通したり、語学学校に入学したりしない場合、サポートを受けられる所属組織がない。不動産の契約や、雇用契約で問題が起こった場合にも、一人で対処しなければならないが、英語で関係各所から必要な情報や支援を得たり、雇い主と交渉したりすることは容易ではない。様々な課題に直面し、多くの若者たちが泣き寝入りを強いられているのが現状である。

米国国務省による『人身取引報告書』は、豪州におけるワーキングホリデー制度の下で起こっている外国人の労働状況に警鐘を鳴らしている。*29

多くの日本人の若者が海外に渡航するようになった今、海外においてどのようなリスクがあるのかを理解しておくことは重要である。例えば、すでに述べた住居不足や、低賃金労働、厳しく不安定な職場環境、セクハラを含むハラスメントにあう可能性があることに対して、可能な限り備えをしていくことが挙げられる。万が一のために、十分な貯金をしておくこと、また現地における日本人ネットワークや頼りになる現地の人、組織との関係を構築することは有益であろう。

日本のように安全で治安の良い国は、海外には少ない。犯罪にあわないための警戒はもちろんのこと、最近増えている外国人の若者をターゲットにした詐欺《さぎ》にも気をつける必要がある。賃貸物件の予約金・敷金詐欺や送金詐欺は特に多く、実際に物件を見るまで契約しないことや、契約書の確認も含め、警戒心を高めておく必要もあろう。

同時に、ワーキングホリデー渡航者らへの注意喚起やサポートは喫緊の課題である。筆者はコロナ前から各方面に働きかけを行ってきたが、2019年からは豪州の在外公館、外務省、日本ワーキング・ホリデー協会のウェブページ上にワーキングホリデーに関する注意喚起の文言が入るようになり、在メルボルン総領事館ではワーキングホリデーの若者向けの労働セミナーが開催された。ただ、2万人近い日本人が住むメルボルン都市圏で、邦人保護を担当する領事は、現在1名のみだ。今後も多くの日本人が海外に出ていくことが予想される中、日本人の多い地域については領事担当者の増員などについても、検討の余地があるかもしれない。一方で、在外公館だけですべての問題を解決することが難しいのも事実であり、現地の様々な在留邦人組織とのネットワークを強化し、協力も得ながら対応していくことが望まれる。

＊

本章では、内向きになったと一般に言われつつも、少なくない数の留学生およびワーキングホリデー・ビザの若者たちが海外に向かっている背景について論じた。特に、留学エージェントや語学学校からサポートが得られない、単独渡航の若者たちが直面している課題は多い。日本の若者たちがより充実した海外生活を送ることができるよう、政府関係者をはじめ、日本の教育関係者、海外の日本人コミュニティなどによる支援の輪が広がっていくことを願っている。

日本の若者たちが海外経験を積むことは、本人にとっても社会にとっても大きな意味と価値がある。海外であう可能性のある危険やリスクを少しでも減らし、充実した海外生活を楽しんでもらうことは重要だ。海外に出る本人たち、そして送り出す側の双方が留意すべき点を共有しながら、必要な備えをしていくことの重要性はさらに増していると言えるであろう。

次章からは、永住を含めた長期の海外移住をめざす日本人に焦点を当てて、海外に向かう背景、現地での課題や対応策について論じていく。

第3章 「自己実現」と「生きやすさ」を求めて

ライフスタイル移住

一般的に、人の国際移動の主要因は「より高い賃金」などの経済機会の追求によって規定されていると捉えられがちであるが、これまで多くのデータや研究が必ずしもそうではないことを明らかにしてきた。例えば、米国で最も多い移民のカテゴリーは、経済移民ではなく「家族や親族」であり、家族統合が移住の最も大きな理由となっている。また、家族統合を除くと、経済移民の割合はもちろん大きいが、先進国の人々が他国へ移住する場合には、経済要因以外の理由も大きいということが知られている。

ミカエラ・ベンソン氏らは、欧州などの先進国からの移住者たちの中には、より良い生活の質を求めていたケースが多いことをつきとめ、これを「ライフスタイル移住」と名づけた。[*1]これは、定住先での「より充実した生活に動機づけられた比較的裕福な個人の移動」であり、移住の決定には経済的な要因以上に、文化的要素が影響すると論じている。

この傾向は、豪州における技能移民への大規模調査をもとにした計量的分析でも裏付けられている。途上国出身の移住者たちにとっての最大の移住理由は「より高い給与」だったが、先進国からの移住者たちにとっては「ライフスタイル」だった。[*2]日本から豪州に移住した技能移民の90%が、移住理由（複数回答）として「ライフスタイル」を移住の理由に挙げ、「より高い賃金」を上げたのは42%であった。これは、米国やカナダ、英国などの先進国から来た移住者たちも非常に似た傾向を示していた。

1990年代から2000年代にかけて行われた、日本人の海外移住者に関する複数の研究でも、ライフスタイルの重要性が指摘されてきた。だが、一口に「ライフスタイル」と言っても、実際に動機づけとなった理由は幅広い。生活の質に関するものや自己実現的なものが多いが、中には「生きづらい環境から逃れたい」といったものもあり、様々な思いや葛藤が動機として浮かび上がっていた。本章では、既存の研究や筆者のインタビュー調査にもとづき、「ライフスタイル移住」の中でも、「自己実現」と「生きやすさの模索」という二つの移住の志向性を中心に、海外移住の背景を探っていく。

ワーク・ライフ・バランスを求めて

2000年代に豪州の日本人移住者について調査を行った長友淳《ながともじゅん》氏[*3]が、移住の第一の要因として挙げたのは、ワーク・ライフ・バランスである。長時間労働によるワーク・ライフ・バランスの不十分さ、特に家族との時間を確保することの難しさは、筆者の研究でも、移住の時期や世代、男女を問わず、確かに多くの日本人移住者たちの語りの中に見られた。大手企業を退職し、豪州への永住を決めた30代の男性は以下のように述べた。

「[豪州は] ワーク・ライフ・バランスのコンセンサスがきちんとできている感じがします。消費者の利便性を犠牲にしても、労働者としての生活は守るという感じです。(中略) 金のために働いていないという点では、満足しています」

大企業の社員というポジションを捨てたことで、収入的には下がったが、家族との時間を十分に持つことを選択し、その結果として充実感を得る。こうした、生活の質を重視する価値観が移住の動機として重要であることは、既存のインタビュー調査だけでなく、筆者が堀内勇作氏と行った計量的な調査でも明らかになった[*4]。

このような価値観は、ワーキングホリデーや留学生として短期滞在する日本人の若者たちの中にも確実に浸透していた。前述したように、ワーキングホリデーで豪州に滞在する人々の約7割が社会人経験者で、その多くが1年から3年で帰国予定だが、中には最初から永住を計画している人や滞在しているうちに永住をめざす決心をする人々もいる。ある20代の若者はこう語った。

「移民をめざそうと思っていて。日本人は働きすぎだと思うんです。日本にいたときは12時間会社にいました。(中略)また日本に戻ってそれができるのかと言われたら、無理なんです。豪州のライフスタイルがすごく好きで。やはり家族との時間も長いじゃないですか。お父さんが仕事終わって子どもを迎えにいったり。(中略)そういう人生を自分も送りたいなと」

日本人の移住先として人気の高いシンガポールは、アジア諸国の平均からすると長時間労働の部類に入るが、日本よりは残業時間が短く働きやすく、日本人の移住者も多い。筆者がインタビューしたある日本人は、1年間働いて帰国する予定だったが、労働環境の良さに気づき、残ることを決めたという。シンガポールといえども日本企業の子会社や関連企業などで働く場合には、残業時間は長い傾向があるが、日本と比べると働きやすいと感じている人が多いとのことだった。

近年、働き方改革の影響で、大手企業では長時間労働がだいぶ改善されつつあるが、日本の事業所全体の99・7%を占める中小企業については、まだバラつきがあり、十分に働き方改革が浸透していないケースも散見されるようだ。今でも多くの若者たちが「長時間労働」や「仕事至上主義」に言及し、そうした職場文化から逃れるべく、海外に移住している。

アジアで活躍する技術者たち

自分自身の夢を叶えたい、あるいは知識やスキルをより活かせる場所で働きたいという気持ちも、海外移住につながっている。「自己実現」は海外移住の重要な志向性の一つだ。特に、自身の持つ知識やスキルが海外で高く評価される場合、移住の傾向は高まる。

日本の科学技術や産業の発展にとって不可欠な技術者は、海外でも評価が非常に高く、その海外移住は、1990年代後半から顕在化している。藤原綾乃《ふじわらあやの》氏[*5]の研究によれば、企業間のグローバルな人材獲得競争が熾烈になる中で、さらにその傾向に拍車がかかった。長時間労働や、日本企業におけるリストラ、給与面、定年退職後の再雇用の難しさも背景にある。

主な行き先はアジアの新興国だ。特許データをもとにした藤原氏の研究によれば、1985年から2013年の間に490人の研究開発人材が韓国企業に、また1989年から2013年の間に196人が中国企業に移動した。こうした技術者たちの各国におけるイノベーションへの貢献度は、現地の技術者と比べて有意に高かった。[*6]

この中には、ヘッドハンティングされた人だけではなく、リストラされた人や、退職者なども含まれるが、中には自らを売りこんで入社した人々もいる。[*7]ある技術者は、事業見直しに伴い、勤務先の企業が液晶事業からの撤退を決めたことで、能力を発揮する場を失い、事業の移転先であった韓国に移住した。技術者たちの中には、「自分が信じてやってきた技術に携われること」や、海外の若い技術者たちとともに仕事をすることを社会貢献と感じ、充足感や生きがいを感じている人々もいる。[*8]

パーソルキャリア株式会社のグローバルキャリア・アドバイザーによれば、アジア諸国へ転職する日本人技術者は今でも多い。中国では、現在でもまだ半導体メーカーをはじめとする製造業、製薬業などの現地企業が、工場長や技術顧問として日本人の退職者を募集しているという。900万円から1900万円の年収が得られ、通訳をつけられて厚遇される。中国では一般的に60歳で定年を迎えるが、顧問職は企業の裁量にゆだねられているため、定年がない。中には75歳になってもまだ現役で働く日本人もいるという。

ただ、昨今の日中関係の冷え込みや邦人拘束で、不安を感じる日本人技術者が増えていることや、景気の鈍化で、全体として定年後に中国に移住する技術者は以前と比べて減りつつある。最近では製造業のベースが中国から東南アジアにシフトしていることもあり、中国から台湾やベトナムに転職する日本人技術者も増え始めている。

北米に向かうITエンジニアたち

米国やカナダ、ドイツなど、先進国に移住する技術者たちもいる。移住コンサルタントらによれば、主に、ITエンジニアが中心のようだ。特に北米への移住の理由に関しては、「キャリアパス」という側面がある。

日本のIT業界は重層的な下請け構造からなり、大手企業が受注したプロジェクトは、主に下請けの中小企業によってなされる。そのため、大手企業のエンジニアが実際に自分でコードを書く機会は最初の数年だ。年次が上がるにつれてマネジメントの仕事が中心になっていく。仕様書の作成も外注され、実務を担う社内のエンジニアまで契約社員という会社もある。

日本企業の中での年功序列システムの中におけるキャリア・アップというのは、管理職に就いて年収が上がることを意味し、それがプラスと捉えられている。しかし、昇進は同時に現場から離れることをも意味する。エンジニアの中には、管理職に就くことはやぶさかではないが、マネジメント業務に追われるよりも、現場で特定の技術分野における知識とスキルを極めたいと考える職人気質の人々もいる。IT業界の例ではないが、ノーベル化学賞を受賞した島津製作所の田中耕一《たなかこういち》氏のように、管理職と同等のポジションにつきながら研究を続け、技術力を磨き続けられる人もいる。だが、その数は極めて少ない。

多くの先進国では、技術者が一定の経験を積んだ後、一般的な管理職へのキャリアパスと、一定の技術分野に特化したキャリアパスのどちらに進むかを選べるという。カナダでテクノロジー分野の海外就職・移住サポート企業Frogを経営する後藤《ごとう》セナ氏によれば、2014年に起業した当時は、日本のIT産業の労働環境の酷さが人々を海外移住に駆り立てていたが、ここ4～5年で傾向が変わったという。現在では、特定の技術やスキルを磨き追求したい、といったキャリア構築を理由に海外をめざす技術者たちが増えてきたというのだ。後藤氏は次のように述べる。

「日本だと、『まだコードを書いているのか』とか、『いつになったらマネジメントになるつもりなのか』と言われ、コードを書くことがキャリアの頭打ちになることが多いのです。最近は、良質なエンジニア文化を築けている会社も増えてきていますが、いわゆるプレイヤーとしてずっとコードを書いていたい人たちは、『次のキャリアは、日本の外に出なければ』と感じるようです」

米国やカナダなどでは、部下を持たない、あるいはマネジメント業務を最小限に抑えつつ、先端技術のスキルを磨き続けられるキャリア・アップの仕組みが確立している。職人タイプの技術者にとっては、マネジメントよりも現場で高い技術レベルを追求し続ける仕事ができることが魅力なのだ。

また、ＩＴ技術者のように、日本と他の先進国との給与ギャップが著しく大きい職種では「豊かさの追求」が移住を促進している側面もある。この20年以上、日本と他の先進国の賃金格差は拡大してきたが、技術職に関しては特にその差が大きい。２０１０年代の半ばには米国の新卒ＩＴエンジニアの平均年収はすでに９００万円を超えており、日本との差は大きく開いていた。[*9] 現在では、国内で一部の企業がＡＩ（人工知能）など重要分野の新卒者に７００万円以上のオファーを出すようになってきたが、まだ少数だ。前出の後藤氏はこう続ける。

「カナダの西海岸は、エンジニアの［給与の］天井はもう底知れずというイメージです。別にマネジメント職にならなくても、スタッフ・エンジニアで２０００万［円］や３０００万［円］は普通です。アメリカになると、４、５０００万［円］も夢ではないです」

後藤氏によれば、２０１８年以降は、優秀な人材を繋ぎ止めるために日本の職場環境が改善されてきたこともあり、労働条件が悪いことを理由に応募してくるエンジニアの数は減ってきているという。だが、その一方で、キャリアのあり方や給与、そして将来のキャリア・アップのために海外移住するという人たちが増えているのだ。円安の影響もあり、特にＩＴ業界では海外におけるプル要因は拡大している。ただし、物価の高騰で帰国する人々もおり、こうした状況については第6章で詳しく論じる。

研究者たちが海を渡る理由

技術者だけではなく、日本の「頭脳」とも言える研究者の中でも海外移住が増える傾向にある。村上由紀子《むらかみゆきこ》氏の米国在住の日本人研究者への調査では[*10]、その移住動機として、上司・同僚たちの優れた専門性や、職場の設備・予算など、高い成果を出せる研究環境という「プル要因」が主に挙げられていた。

ただ同時に、「日本には希望する条件の仕事がない」と回答した人が42・6%いたことは注目に値する。博士号を取得しても、常勤の安定したポストにつくことが難しい、いわゆる「ポスドク問題」を反映しているのだろう。また、研究者の中で、「日本では経済的に豊かで安全な生活を送れない」と回答した人は、14・8%存在した。特に多いとまでは言えないものの、一定の割合の研究者が日本の経済面での研究環境に不安を感じていることを示している。この調査は2004年のもので、20年経った現在は、これらの数字は上昇している可能性がある。2022年からは理化学研究所の雇い止め問題も話題に上がっており、研究者の危機感はより強まっているかもしれない。

最近では、若手研究者が中国をはじめとする非欧米圏の国々に移るケースも増えている。

30代で中国の復旦《ふくたん》大学に移籍した生命科学研究者の服部素之《はっとりもとゆき》氏は、「日本における基礎研究者の研究環境が悪化」していることが理由だと論じる。そのため、「中国における大学教員の待遇が必ずしも破格というわけではないが、日本人の基礎研究者が研究のチャンスを求めて海外の大学に応募する際、中国の大学『も』選択肢の中に徐々に含まれるようになってきている」という。*11

日本のある学会で会長を務め、学術振興会のメンバーとしても名を連ねる科学者に意見を求めたところ、2000年代後半頃から、50~60代の著名な日本人研究者が中国に移住するケースが増えてきたという。中国は前述のように「千人計画」という人材誘致政策をとっており、その一環として海外のシニア研究者がヘッドハンティングされていることが背景にある。

これは、潤沢な研究費と恵まれた設備という海外からのプル要因とも言える。一方で、大学の業務や科研費関連の事務作業に忙殺され「研究がしたくてもできない」環境など、「日本の大学や研究機関への失望」がプッシュ要因になっているとも言えるという指摘もあった。

またこの科学者によれば、欧米と同様、中国でも65歳を過ぎても研究資金とプロジェクトがあれば、オフィスを維持して研究を続けられるという。だが、日本の大学では定年を迎えると、特別なケースを除き、基本的に設備機器などを処分して研究室を閉じなければならない。研究者が定年を迎える前に中国に移住する理由は、この点にもあるという。

年功序列と職場ヒエラルキー

技術者や研究者にとどまらず、海外に移住した人々の中には、日本の職場文化に適応しづらいと感じていた人々もいる。最近ではかなり変わりつつあるが、まだ年功序列が残る職場も多く、管理職の前で、若いスタッフが自由に意見を述べることができる機会は少ない。若い世代の新しいアイディアや感覚が、なかなか事業に反映されにくい環境だ。また「空気を読む」文化があり、周りに合わせることを期待され、尖った人や「出る杭」は打たれてしまう。移住者の声を紹介したメディア記事では、「上司が白と言えば、カラスでも白いと言わなければ」ならず、それができないと「『会社にいる意味はない』と言われた」というコメントもあった。*12

大学や研究所でも自由な職場環境があるとは言い難い。米国に移住し、2021年にノーベル物理学賞を受賞した真鍋淑郎《まなべしゅくろう》氏は、日本を離れた理由を聞かれて、こう述べた。

「日本では常に互いの心をわずらわせまいと気にしています。とてもバランスのとれた関係を作っています。(中略)とにかく人の気持ちを害するようなことをしたくないのです。アメリカでは他の人の気持ちを気にする必要がありません。私は他の人のことを気にすることが得意ではないのです。アメリカで暮らすってすばらしいことですよ。私はまわりと協調して生きることができないのです。それが日本に帰りたくない理由の一つです」*13

日本人ではないが、筆者が別の調査でインタビューしたシンガポール在住の若手研究者も、日本の大学にいた際に、研究室のトップである教授や准教授に対して、自由に意見を言うことができなかったと語っていた。特に男性が多い研究室では、女性は女性ゆえのハンディも感じていた。

よりダイナミックな市場へ

経営者や起業家の場合は、職場環境ではなく、自身のビジネスを発展させることによる「自己実現」が海外移住の大きな動機になる。その意味で、日本の市場が少子高齢化で縮小していることは、プッシュ要因となる。こうした人々にとっては、人口が増え、将来的な市場の成長と自分の事業の拡大が見込まれることがプル要因となるのだ。若年人口が多く、2023年の実質GDP成長率が約5%と高い経済成長を続けているケニアで起業した30代の男性は、「ここで起きているような、ダイナミックな変化が起きている市場を、自分たちの世代は日本で経験していないし、これからも経験できない」と語る。

市場における規制も移住の一因だ。シンガポール在住の日本人起業家は、日本における市場の規制がビジネスを進める上での課題だと語っていた。近年、ブロックチェーン技術を活用したWeb3.0と呼ばれる分野をはじめ、各業界における規制が比較的緩い国でビジネスを発展させたいという経営者や起業家は多い。別の起業家は、規制によって「がんじがらめだった」「できないことが多かった」と語る。

また、日本では、スタートアップのハードルも高い。年功序列の社会を反映してか、起業家の年齢によっては「まだ若い」「下積みで頑張ってから上に上がればいい」などの反応を受けることが多く、アイディアが良くても「まだ経験が足りない」ということで、受け入れられにくかったという声もあった。最近では、政府や経済団体連合会などによるスタートアップ支援が始まり、状況は変わりつつあるが、日本全体にこうした変化が浸透するまでには、まだ時間がかかるかもしれない。

国際結婚する女性たち

第1章でも述べたように、海外に永住している日本人の約6割は女性である。筆者はこれまでメディアの取材など様々な機会に、永住者の中で女性が男性よりも多い理由についてコメントしてきた。外務省の統計は、永住者の性別以外の属性を明らかにしていないため正確には分からないが、既存の研究やデータによると、三つの理由があると考えられる。一つは

図3-1●海外における日本人の婚姻件数

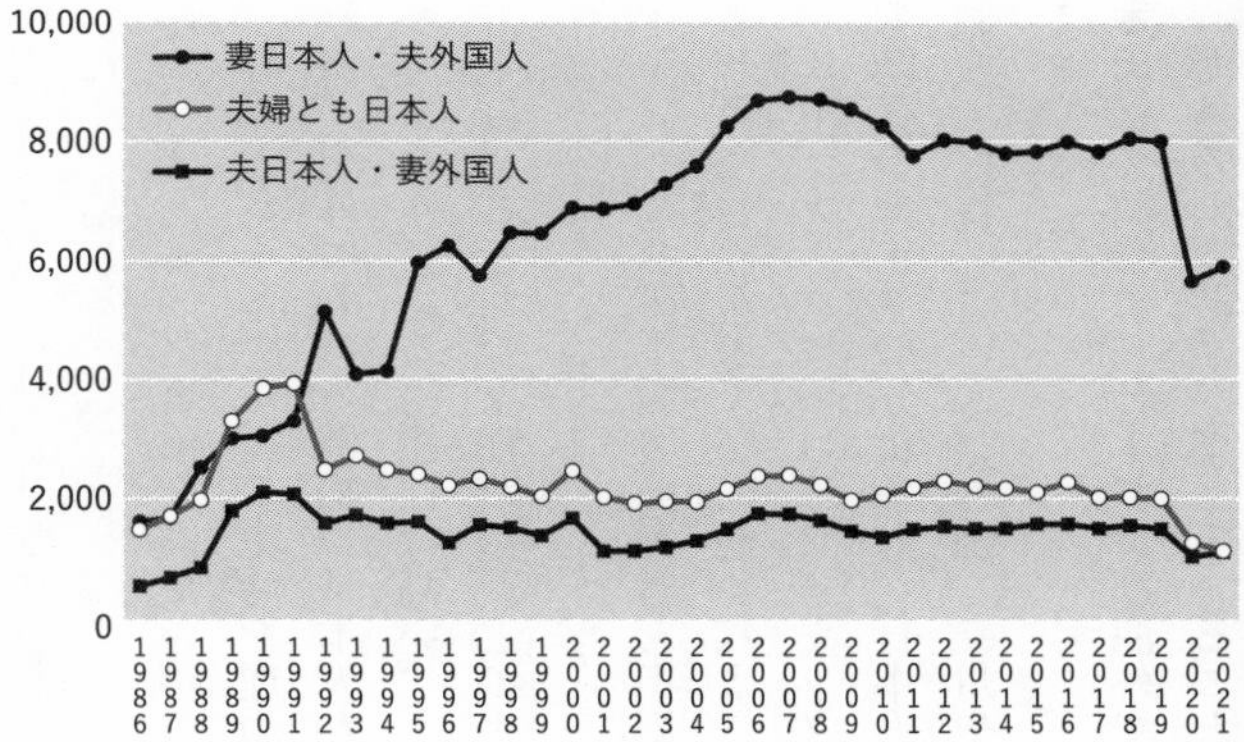

出典：厚生労働省『人口動態統計 保管表』にもとづき嘉本伊都子氏作成・提供

国際結婚、二つ目に教育移住、そしてジェンダー的課題である。

まず、海外に永住している日本人女性のうちの多くが国際結婚をした人たちであると推測される。2021年に日本国内で日本人と外国人が提出した婚姻届の数は、約1万6000人で、その約6割が日本人男性と外国人女性の組み合わせだが、海外で提出された日本人と外国人の婚姻届の件数に関しては、日本人女性と外国人男性の組み合わせのほうが圧倒的に多い。

厚生労働省の統計をもとに分析した嘉本伊《かもとい》都子《つこ》氏によると、海外における日本人の婚姻数の約7割が日本人女性と外国人男性との組み合わせで、特にバブル崩壊以降、その数が増えているという（図3-1）。嘉本氏は

「1989年から2019年の30年間で、20万人もの日本人女性が国際結婚によって海外へ流出した」と論じる。[*14]

さらに、まとまったデータはないが、事実婚のパートナーにも永住権を付与する先進国は多く、外国人パートナーとの生活を理由に海外に永住している日本人も一定数いることが推測される。海外における婚姻の日本人女性の比率が高いことから、事実婚による日本人永住者の多くも女性である可能性は高い。

統計上は、こうした女性たちがどのようなビザで渡航したかは定かではないが、杉本良夫《すぎもとよしお》氏は、「ワーホリ・ブライド」という言葉で、日本人女性の海外での国際結婚の増加の背景にワーキングホリデー制度の影響を指摘する。[*15] 実際、ワーキングホリデー・ビザで海外に渡航する若者は女性が多く、前述したように、豪州では約7割が女性である。オードリー・コバヤシ氏[*16]も、カナダにおけるワーキングホリデー・ビザの日本人女性の多さを指摘する。嘉本氏[*17]も既存のデータの分析から、日本人女性が結婚するパートナーの多くがワーキングホリデー制度で提携している諸外国（豪州やカナダ、ニュージーランドなど）の男性ではないかと推測している。

嘉本氏は、同時に、日本および海外で拡大している国際結婚紹介ビジネスについても指摘する。海外で国際結婚が増えていることは、日本人女性に向けて欧米系男性を紹介し、日本人男性にはアジア系女性とのマッチングをビジネスにしている会社があることも背景の一つだという。

欧米では、一般的に「アジア女性は従順で男性に尽くす」というオリエンタリズムとも評すべきステレオタイプが浸透しており、特に「ヤマトナデシコ」という言葉に代表される日本人女性は「女らしくエキゾチック」な存在として、映画や小説などに表象されてきた。海外メディアでも、「日本人女性は優しく家庭的で、自己主張が強くない」というイメージがあるとされている。*18

筆者がインタビューした日本人女性らは、アジア圏の国においても、国際結婚の場合は、日本人女性と現地の男性という組み合わせのほうが、その逆より多いと語っていた。また、彼女たち自身も、家事や育児を夫婦が一緒に分担することや、女性がキャリアを持つことが「当たり前」という文化が根づいている海外の男性たちが魅力的に見えるという。

ただ、海外の男性と結婚したすべての日本人女性が幸せな結婚生活を送っているわけではない。パートナー・配偶者がオリエンタリズムにもとづく日本人女性への偏見や、伝統的なジェンダー規範を持っている場合には、ドメスティック・バイオレンス（DV）などの問題も生じやすいという研究者の指摘もある。この影響については第6章で論じていく。

多様な家族の決断

日本で結婚した国際結婚の夫婦の中には、日本に永住するつもりだったにもかかわらず、子どもができたことで、多文化な社会で子育てをするために、海外移住を決めた人々もいる。ある日本人男性は、豪州人であるパートナーと、二つの国籍と文化を持つ娘にとっては、多文化な国に住むほうが望ましいと考えた。彼は当時の状況を以下のように振り返る。

「娘が日本人として受け入れられないということを、目に見えて感じていました。（中略）電車などに乗っていても、知らない人に『やっぱり外人さんはいいねえ』などと言われるのです。（中略）［外国人である］妻がそういうことにストレスを感じていました」

この男性は配偶者が地域活動になじめるかどうかについても不安だった。近年、PTAや町内会の運営のしかたについては、ストレスを感じる日本人も増えている。意識改革が少しずつ進みつつあるが、全体的にはまだ旧態依然とした地域も少なくなく、特に外国人は適応に苦労する。国際結婚をした日本人にとっては、自分の子どもが地域社会に十分に受け入れられず、パートナーもコミュニティへの適応に苦労している場合、より多様性のある社会に移ろうと考えることは自然かもしれない。

また、子どもを連れて海外に活路を見出そうとするシングルマザーたちもいる。SNSなどでも、海外への移住を模索するシングルマザーの投稿を目にするようになった。一般的に、日本国内ではシングルマザーは「経済的に困難な状況に置かれている存在」と一括りにされることが多い。だが、実際には、学歴やスキルが高いシングルマザーは少なくない。また、「海外のほうがシングルマザーへの差別が少なく雇用機会が得やすい」「長時間労働やサービス残業がないため、子育てをしやすい」という見方もある。語学力が限られていたり、就職氷河期を経て非正規職にしか就いたことのなかったりする女性たちでも、海外の日系企業の現地採用枠で働くという選択肢はあり、困難はあっても、海外移住に挑戦したいと考える女性たちが増えているのだ。

人気があるのはタイやマレーシアといったアジア圏だ。特に、マレーシアは日系企業のコールセンターが多く、こうしたオペレーターの中に、子育てをしながら働くシングルマザーたちもいる。日本では３組に１組のカップルが離婚する時代になり、シングルマザーが増えている現在でも、実際にシングルマザーとなった女性たちへの風当たりは強く、孤立してしまうことがあり、それが理由で海外移住を考えるという。クアラルンプール在住の、あるシングルマザーは以下のように説明する。

「［日本社会はシングルマザーに対して］思っている以上に優しくないのです、実は。結構、冷たいです。（中略）例えば子どもに問題があったりすると、あのお母さんのせいだとか、悪口を陰で言われます。表面上は親切で優しいですけど、違う人たちを排除する空気は結構あります。（中略）そういうのが、私はちょっと苦しくて。［マレーシアでは］子育てで白い目で見られたりということがないので、すごく楽です」

また、ある移住コンサルタントによれば、マレーシアでは、子どもと配偶者だけでなく、親の帯同あるいは呼び寄せもできるビザがあるという。実際に母親を日本から呼び寄せて、子どもの面倒を見てもらいながら働いているシングルマザーがいるとのことだった。

育児ストレスからの解放

日本における子育てのストレスはシングルマザーに限定されたものではなく、子連れで移住した夫婦たちも感じていた。子育て環境そのものが、海外移住の理由というわけではなかったが、移住後に今後の生活をどうするか考えたとき、海外で子育てのしやすさを実感したことで、このまま永住したいと考えるきっかけになったケースも多かった。ある女性は、日本にいたときは電車で子どもが泣き始めると、他の乗客に怒鳴られて怖い思いをしたが、豪州ではそういうことがなく、安心して住めたと語る。カナダに移住した男性も、こう述べた。「［日本だと］ファミレスでさえも静かにしないといけなくて、それが普通だと思って暮らしてきましたが、カナダに来たら、皆さん子どもたちに声をかけてくれるし、ベビーカーを運ぶのを手伝ってくれたり、カフェでも店員さんが『こんなの好き？』と適当なものを作って持ってきてくれたり。（中略）子育てのしやすさが理由で、［日本に］戻れなくなるという感じです」

また、東南アジアや中華圏では、平日は外食することが多く、日本のように栄養に気を配った夕食を毎日作ることが母親に求められないため、気が楽だったという元移住者もいた。この女性は、台湾に母子移住していたが、平日は子どもを保育園に迎えに行き、そのまま外食するのが日課だった。日本であれば批判されたかもしれないが、台湾の文化ではそれが普通であるため、誰にも指摘や批判をされることなく、日本にいるときよりストレスがなく生活ができたと振り返る。

移住コンサルタントらによれば、日本で子育てに悩む親が、海外への移住を検討する場合も少なくないという。筆者がインタビューした女性は、当時をこう振り返る。

「日本で子育てをするのはすごく窮屈だ、というのはありました。日本は子どもに対してすごく厳しいし、お母さんに対する風当たりも強いです。子育てはこうでなくてはならない、という価値観が強くて」

この女性は、親子留学という形で豪州に移住したところ、子どもがのびのびと生活できるようになった。子どもの個性が尊重される教育で、皆と同じように行動しなくても良いという前提があるため、日本にいたときのように肩身の狭い思いをすることはなかった。学校の先生が子どもをありのまま受け入れてくれ、自身のストレスからも解放された。

留学事業者によれば、中学や高校で不登校になり、海外に留学してくる子どもたちも一定程度いるという。自然の中に身を置くことで心と体を癒やせるのではないかという期待から、リゾートを選ぶケースが多いそうだ。

子どもたちだけでなく、大学生でもそうしたケースがある。筆者がインタビューした男子大学生は、学業面での悩みを抱えて大学を休学していたときに、海外への渡航を決めた。自分が診てもらっていた心理カウンセラーから「うつ病を患った患者がしばらく海外で暮らし、身の回りのプレッシャーから解放されたことで体調が回復したケースがあった」ことを聞いたからだ。両親の反対を押し切ってワーキングホリデー・ビザで豪州のリゾートに渡航したところ、体調が好転し、「来て良かった」と振り返る。ただ、筆者による別の調査では、海外に出て病状が悪化してしまった若者たちが少なくないという報告も耳にした。メンタルヘルス上の問題を抱える場合の海外渡航については、専門家のアドバイスを得ながら慎重に検討すべきだろう。

留学や教育移住は、こうした生きづらさを抱える子どもや学生、親たちをストレスから解放する面を持っているが、それだけではない。将来を見据えた上での「リスク回避」の側面について、次章でより詳しく論じていく。

女性が働くことの難しさ

日本におけるジェンダー格差や女性の就業機会や昇進機会の制約も、日本人女性の海外移住の背景にあるプッシュ要因の一つだ。1980年代半ばまでは、日本人女性の海外移住は、主に配偶者の海外駐在に家族として帯同するケースがほとんどだったが、1980年後半以降、日本の伝統的なジェンダー規範や、一般的な「女性のライフコース」の枠から逃れるために、単身で海外に移住して働く女性たちが増えている。香港やシンガポール、中国、タイ、英国、豪州など、様々な国や地域においてこうした女性たちについての調査が行われてきたが、ジェンダー的な制約が女性の移住の背後にあるという点は共通していた。1986年に男女雇用機会均等法が施行されたことによる女性の意識の変化や期待と、実際の職場での現実との乖離《かいり》が背景にあるという指摘もある。

筆者の調査でも、単身で海外企業に転職した女性の多くが日本での就職の時点からキャリア構築に至るまで、女性として「働く」ことの難しさに悩んでいた。ある女性は、就職活動をしていた時期について、こう振り返った。

「面接で、『女の子、うちいらないんだよね』とハッキリ言われました。『妊娠してキャリアにブランク作るでしょ』って」

筆者自身、日本の大学に勤務していた2010年代前半に、数人の女子学生から「就職の面接で女性差別的なことを言われた」という声を聞いたことがある。さすがに現在では企業コンプライアンスが徹底されてきているので、こうしたケースは減っているようだが、まだ根絶には至っていない。今でも同じような経験をして苦しむ女子学生たちがいることを、日本在住の大学教員を通して聞くことがある。

無事に就職ができても、女性にとって順風満帆《じゅんぷうまんぱん》なキャリアを築くことは、男性と比べると一般的には難しい。ある日本人女性は、大手の外資系企業で働いていたが、日本人男性が圧倒的に多い職場であり、「女性は男性より理数系が弱い」というステレオタイプがあったと指摘する。そのため、1年目は女性の自分だけが声をかけてもらえなかったトレーニングやプロジェクトがあり、2年目以降、独学で学ばざるを得なかった苦い経験があった。

ある移住コンサルタントは、自身が抱える日本人のクライアントのうち、4分の3が女性であり、その理由は日本における女性のキャリアの可能性が限られていることだと語った。別のコンサルタントも、「女性が昇進できない、あるいは活用してもらえないという理由で移住するという例は非常に多い」と述べた。「日本も変わってきているが、他の国と比べると変化が遅い」というコメントもあった。

働き方改革が進んできた2020年代でも、「女性が子どもを持つと、社内の主流のキャリア路線を歩みにくくなる」と幹部から言われて悩んでいる女性総合職もいる、と話す移住者もいた。親と同居して家事や育児の全面的なサポートを受けられない限り、日本で男性と同じように働き、昇進し、仕事と家庭生活を両立できる女性は、今でも限られているのだ。

どれほど優秀でも、将来のキャリア構築に足かせがかかってしまうと考え、海外で働こうとする女性たちは多い。鈴木綾《すずきあや》氏は、彼女が出会ったロンドン在住の日本人女性たちを「帰国子女」ならぬ「出国子女」と呼ぶ。非常に優秀で、英語だけでなく複数言語が堪能という女性たちで、日本人であることや日本の文化を誇りに思っているが、日本では働きたくないと考え、渡航してきたという。[*19]

一方、海外に活路を見出そうとする女性たちは、いわゆる「バリキャリ」の女性たちだけではない。一般職や非正規雇用の女性たちも、これまでのキャリアをリセットし、より挑戦しがいのある職、自分らしさをより活かせる職に就きたいと考え、海外をめざしている。必ずしもジェンダー的な課題ではないが、日本の学歴社会の中では、スキルや能力があっても、四年制大学を卒業していないことが大きな足かせになるケースが多い。そのため、海外で学んだり資格を取ったりして、キャリア・アップをめざす場合もある。筆者がインタビューした女性たちの中には、四大卒ではなく、もともと総合職的な仕事に就くつもりもなかったが、現地で新しい資格を取った後に就職した企業で能力を認められ、いつのまにか管理職を任されるようになってしまったという日本人女性もいた。

結婚や出産に関するジェンダー規範や、職場でのストレスも女性を海外に向かわせている。前出のコバヤシ氏は、古いジェンダー規範が残る日本社会を窮屈に感じて海外へ移住する日本人女性たちがいることを指摘した。*20 日本では「女の子はこうでなければならない」ということが多く、窮屈だというコメントを紹介しつつ、伝統的なジェンダー規範が日本人女性のカナダへの移住背景にあると分析する。

また、前出の鈴木氏は「日本の職場では、セクハラや接待での身体的接触などがあっても、仕事で不利益を被らないよう柔軟な対応が求められ、女性にとってはストレスが大きい」と指摘する。海外で働く日本女性に関する研究でも、海外への移住の動機としてセクハラに言及したものがある。*21 日本社会において女性が直面している課題が浮かび上がってくる。

離婚をきっかけに海外へ

離婚をきっかけに単身で海外に出る女性たちもいる。離婚した女性にとって、日本は生きづらい国だと彼女たちは言う。最近は日本でも離婚が増えてきているため、以前に比べると離婚に伴う否定的な印象は減って来ている。しかし、その社会的な影響は、男性よりも女性のほうが大きい。特に、日本では結婚後95%の女性たちが夫の姓に変更しているため、離婚した女性のほとんどは戸籍名を旧姓に戻すことになり、職場の同僚たちに知られやすい。中には、職場で旧姓に戻すと仕事上で不利益を被る可能性があるため、やむを得ず元夫の姓を通称として維持する人々もいる。だが、夫と職場が同じだったために、何人もの同僚たちに事情を聞かれて会社に行くのがストレスになったり、「仕事を辞めざるを得ない状況」に追い込まれたりした女性たちもいた。

離婚によって生じる困難は職場だけにとどまらない。特に保守的な価値観の残る地方では、離婚した女性の立場はさらに厳しくなる。昨今、これだけ離婚件数が増えていても、地域によってはまだネガティブに受け止められることがあり、小さなコミュニティでは人々の噂の的になり、いづらくなるという。ある女性は離婚当時を次のように振り返る。

「やっぱり離婚したっていうので、『もう、この子終わりや』みたいな。(中略)すごい田舎のほうだったので、まだ女性は25で結婚して子どもを産むのが幸せみたいな価値観にもとづいて生活している人たちが多いので(中略)[離婚すると]『箸にも棒にも引っかからん女になってしまった』っていう価値観なんです。(中略)生きづらさはずっと昔から感じてましたけど、それが決定的で、『ほんなら、もうほんまに出て行こう』と思ったんですね」

離婚を経験した女性たちの中には、こうした息苦しさを避けて、海外に向かう人たちがいる。筆者がインタビューした女性たちの中には、英語が堪能だったり、資格を持っていたり、プログラミングができるなど、スキルや職歴があって比較的容易に海外で仕事を見つけられた人たちもいる。30歳未満で子どもがいない場合はワーキングホリデー・ビザを使えるので、英国、カナダ、豪州、ニュージーランド、韓国といった国々に渡航し、現地で新たに配偶者を得て永住するケースもある。

性的マイノリティが抱える生きづらさ

海外移住する日本人の中には、性的マイノリティの人々もいる。他の先進国と比べて、権利が十分に守られていないことや、日々の生活の中で生きづらさを感じていることがその理由だ。２０２３年にＬＧＢＴ理解増進法が成立したが、日本では同性婚が認められておらず、性的マイノリティのカップルに養子を迎える権利がないなど、正式な「家族」を持つことが難しい。特に同性の外国人パートナーを持つ日本人の場合、問題が深刻になる。相手が「日本人の配偶者」という在留資格を得られないためだ。日本に滞在するためには職を得なければならず、職を失ってビザが切れれば日本に居住できず、不安定な状況に置かれてしまう。

そのため、日本在住の同性国際カップルは、外国人パートナーの出身国が同性婚やパートナーシップを認めている場合、移住を決断するケースも少なくない。*22

一方で、単身で海外移住を決断する性的マイノリティの日本人も多い。筆者がインタビューした移住者は、戸籍上の性と自認する性が異なるため、大学4年のときに就職活動で悩み苦しんだという。女性用スーツを着るか、男性用スーツを着るかという決断から始まり、面接でカミングアウトすべきか、また最終的に就職が決まった場合、正式書類を提出することでトランスジェンダーであることが判明した後、職場の好奇の目にさらされたらどうするかに至るまで、多くのことに考えをめぐらせる必要があったからだ。結局、就職活動を断念し、非正規雇用などを経て海外で働くことを決めた。その後、一時的に日本に帰国して短期間働いたこともあったが、入社した翌日には、社員全員にトランスジェンダーであることを知られ、愕然《がくぜん》としたという。

このような経験から、この移住者は日本でトランスジェンダーとして働くことの難しさを改めて感じ、再び海外に渡航した。現在は豪州で働いており、永住も視野に入れているが、永住権が得られなかった場合は、ニュージーランドやカナダ、アイルランドなど性的マイノリティの権利が守られている国で働くことを考えているという。

＊

これまで見てきたように、海外移住の動機は多種多様だ。本章では、より良い勤務環境、国際結婚、子育て環境、女性や性的マイノリティが置かれている状況など、「自己実現」と「生きやすさの模索」という観点から概観してきた。目的や求めるものは人によって異なるため、必ずしも一概に日本が外国に比べて、生きづらい国であるというわけではない。一方で、海外のほうが生きやすく、自己実現が可能だ、と考えて国を離れる日本人がいるという事実は、今後の日本をより良い国にしていくためのヒントになるかもしれない。

本章の議論も踏まえつつ、次章においては、もう一つの移住の背景となっている「リスク回避」がどのように日本人の海外移住に関連しているのかについて論じていく。

第4章　日本が抱えるリスクと不確実性

2011年という転機

海外へ移住した日本人の中には、日本に対する特別な不満を感じていなかった人々も多くいる。留学した国で現地の人と国際結婚したり、もともと海外に親族が住んでいた人などは、その例だ。しかし、これまで日本で平穏に暮らしていた人が、何らかの不安を感じて海外移住を検討するケースも増えてきている。

これまでの筆者の研究では、「自己実現」や「生きやすさの模索」と並んで、日本人の海外移住の大きな志向性の一つとなっていたのが、日本という国が抱える長期的な「リスクの回避」だ。そして、このリスク意識は、東日本大震災以降、海外移住の動機として顕著に表れていた。

東日本大震災は、人々と社会に未曽有の被害をもたらしたが、同時に日本からの海外移住にも大きな影響を及ぼした。震災直後には放射能やさらなる震災への懸念から、子育て世代の中間層や富裕層を中心に日本人の海外移住が急増したからだ。これは短期的な海外移住が誘発されたというだけではない。重要なのは、この震災をきっかけに、日本人のリスクへの感応性が大きく変わり、海外移住に「リスク回避」という新しい側面が加わったという点である。

筆者の研究では、2011年以降の移住者たちの語りの中には、日本の将来に対する不安や危機感といったリスク意識が散見された[*1]。各国に在住する移住コンサルタントたちの多くも、クライアントから「リスク」という言葉を聞いているという。現代の日本人の海外移住を理解するためのキーワードの一つはリスクであると筆者は考えている。

震災から10年以上経った現在では、放射能リスクへの不安そのものは、海外移住の直接の動機にはなっていない。しかし、まだ他にも様々なリスクがあると考え、海外移住をする人たちがいる。日本人移住者たちは、どのようなことをリスクと評価し、海外移住を考え、実行しているのだろうか。

本章では、不安や危機感が海外移住の動機として顕在化し始めた東日本大震災以降のインタビュー調査データから、リスク要因とその変容について論じていく。

長期的な災害リスク

2011年から2018年の間に豪州へ移住した日本人移住者に対してのインタビュー調査では、日本の長期的な災害リスクについて言及した人々が半数を超えていた。震災と原発事故の直後は、放射能の拡散方向やその程度についての詳細な情報が十分に提供されなかったと感じる人々が多く、不安が高まっていた。福島県以外でも放射能が拡散した東北地方や関東地方、中部地方東部などで水や農産物への放射能の蓄積や、一部に放射能が集中するホットスポットの出現も指摘され、放射能の影響を受けやすい幼い子どもを持つ親たちは不安を抱いていた。また、震災後、今後30年以内に南海トラフ地震が起こる確率が70〜80%であることや[*2]、富士山の噴火の可能性が高まってきていることを政府機関が発表したが、それにもかかわらず、原子力発電所の再稼働が始まったことも、放射能に敏感な人々にとっては、さらなる不安を生じさせた。[*3] 原発や放射能への不安だけでなく、それを話しづらい社会状況も移住の決断に影響したと話していた人々もいた。こうした移住者たちは、周囲に本当の理由を言えないまま、日本を離れたのだった。

一方、原発事故が収束し、震災から年月を経るにしたがって、災害や放射能のリスクは海外移住の動機としては薄れてきた。2019年から2020年にかけて筆者と堀内勇作氏が日本在住の2415人の日本人大卒者に行ったオンライン調査では、災害リスクは海外移住志向に有意な影響が見られなかった。*4 この理由は調査からは明らかにはなっていないが、震災から時間が経っていることでリスク意識が薄れているということ、また、災害リスク、特に地震・原発・放射能に敏感な人の数は限られているということなのかもしれない。

しかし、災害リスクそのものがなくなったわけではない。ある移住者は、海外移住は一族の「リスクヘッジ」としても捉えられるとし、こう語った。

「住む場所が世界にいくつかあるほうがリスクをヘッジできる、というのはありますよね。例えば富士山が噴火しても、こちらにいれば、親なり兄弟なりを数ヵ月間、呼ぶこともできるでしょうし」

筆者がその後に行ったインタビュー調査でも、日本の長期的な災害リスクは、海外に移住するメインの理由からは消えていた。だが、副次的な理由のうちの一つとして挙げていた人や、海外に留まる理由の一つとして挙げていた人たちは、引き続き、一定程度いた。さらに、「すでに海外に移住した人々や、現在の移住希望者の中に、災害リスクについて心配している人々がいた」と指摘する移住コンサルタントたちもいた。災害そのものだけでなく、災害が起こることによる経済や社会への影響にも懸念を抱いていたという。このような不安は、現在でも一部の人々の心の奥に存在し続けているようだ。

安全保障リスク

第二は、安全保障に関するリスクである。筆者のインタビュー調査では「安全保障上の懸念」について言及する人々も少なくなかった。移住した人、特に息子を持つ人たちの中には「将来、日本が戦争に巻き込まれるのではないか」「子どもが徴兵される時代が来るのではないか」という不安を抱える人たちがいた。

政府が2018年に国内で行った世論調査では、「現在の世界の情勢から考えて日本が戦争を仕掛けられたり戦争に巻込まれたりする危険があると思いますか」という質問に対し、「危険がある」「どちらかといえば危険がある」とした人の割合は85・5%と非常に高かった。*5 2022年2月にロシアがウクライナを侵略したことや、台湾有事の切迫性についての報道が増えてきたこと、そして北朝鮮のミサイルでJアラートが発動する回数が増えている中、安全保障上の懸念はこれまで以上に高まっている可能性がある。

移住コンサルタントらも、クライアントの安全保障への懸念を把握していた。前出の大森健史氏は「驚くかもしれませんが、こうした『有事に備えたいから』という理由で永住権の問い合わせをしてくる人は、実は多いのです」と著書の中で述べている。*6 別のコンサルタントも、安全保障が海外移住の背景として一つの要素となっており、政治的に欧米とは若干距離を置いている国を選ぶ人々もいると語る。例えば、マレーシアはイスラム教国で、中国や欧米に対して比較的中立の立場なので、何かあったときに巻き込まれにくいのではないかと考えているクライアントもいるとのことだった。このような反応は、紛争が起こり得るエリアから地理的に離れていることによる安心感だけではなく、国の政治的なスタンスも移住先の選定に影響し得ることを示唆している。

さらに、移住コンサルタントへのインタビューの中で興味深かったのは、「「海外移住を希望する」クライアントの中に沖縄の方たちが多い」との指摘があったことだ。米軍基地があり、有事の際に大きな影響を受ける可能性のあるエリアだということを、移住の動機として挙げている人たちがいるということだった。

現在の海外在留邦人の中で沖縄県民が占める割合については、統計がないため分からないが、Google Trendsを用いて調べたところ、沖縄県民の海外移住への関心は非常に高かった。2004年1月から2023年3月までの期間にGoogleで「海外移住」について検索した件数が最も多かったのは沖縄県だった。しかも、第二位の東京を大きく引き離し、突出していた。もちろん、検索した人々がすべて海外移住をするわけでは決してなく、また、その理由が必ずしも安全保障に関連するものとは限らない。しかし、人口約147万人の沖縄県における「海外移住」の検索数が、その10倍近い人口（約1400万人）を抱える東京都よりも多いことは注目すべき点だろう。

沖縄県民が日本を取り巻く地政学的な環境とそれに付随するリスクを、他の都道府県民と比べて、より切実に感じている可能性は否定できない。

長期的な経済リスク

筆者の研究で、震災直後、またその後も変わらず、海外移住の最も大きな動機だったのが、日本の長期的な経済リスクである。筆者が堀内勇作氏と共同で行った調査では、日本の財政破綻や少子高齢化の進展による年金制度の持続が困難になることなどを含む経済リスクが、生活の質よりも大きく海外移住志向に影響していた。*7

海外移住を「資産のリスク分散」として捉えている投資家や経営者たちも多い。富裕層をサポートする移住コンサルタントらは、これをクライアントの移住の理由の一つとして挙げていた。少子高齢化による日本市場の縮小や、日本の長期的な経済展望、そして有事への危機感などが背景にあるという。事業の長期的な持続性を担保するために、会社や資産を一ヵ所だけに置かず、複数の国に分散させることでリスクを回避しようとする戦略だ。

また、社会保険制度や医療制度の持続可能性を、経済リスクの一部として認識する移住者たちもいた。インタビュー当時、豪州への移住を計画中だった30代の会社員は「日本の年金制度が破綻するかもしれないという中で、それに代わるモデルがない」と不安を吐露していた。２０１５年に大手メディアが日本人の海外移住に関する特集記事を組んだ際にも、妻と子どもをシンガポールに移住させ、自身はインドネシアとシンガポールを行き来するという30代男性の声が紹介されている。

「今後、年金制度や社会保障が破綻したらどうなるのか。国家財政が行き詰まったら……？間違いなく我々の世代がツケを払うことになる」[*8]

筆者のインタビュー調査では、20代の移住者たちは、年金や介護といった社会保障リスクに対して感応性が低かったものの、30代や40代といった子育て世代は、自分と子どもたちが将来的に直面するかもしれない負の影響に対して敏感だった。２０２０年にカナダへ渡った30代の男性は、海外移住を決めた背景として「将来の日本への不安」を挙げ、以下のように述べた。

「少子高齢化が進んで止まらないですよね。そうなると、我々30代は、もう逃げ切れないレベルだと思うのです。年金だったり、介護だったり。（中略）子どもたちにより辛いところで暮らさせるのは避けたいと」

自分の将来の経済的な見通しや希望を持ちにくいことだけではなく、子育て世代が自分の子どもの将来に対して不安を感じることが、リスク回避の移住につながっていた。

リスク回避としての教育移住

筆者のインタビュー調査では、子育て世代の日本人が海外移住を決断する際、「子どもの教育」が大きな比重を占めていた。そして、その背景には広い意味でのリスク回避という側面があった。これは海外における研究結果とも符号している。

「子どもにより良い教育を受けさせたい」「より良い学びの環境を与えたい」という親の願いは世界共通であり、グローバルなレベルで教育移住は増えている。アジア地域では高度人材や富裕層の教育移住が特に盛んで、教育が移住の動機の一つになっているケースが多い。家族で海外移住した後、父親だけ帰国して働きながら移住先と自国を往復する「アストロノート（宇宙飛行士）・ファミリー」と呼ばれる家族もある。[*9] 単身で移住する中学生や高校生も増えてきている。こうした子どもたちは、パラシュート降下するかのように一人でやってくることから「パラシュート・キッズ」[*10]と呼ばれ、米国やカナダ、豪州、ニュージーランド、シンガポールなどで研究が進められてきた。日本からも数は少ないが、パラシュート・キッズたちが海外の中学・高校で学んでいる。ホストファミリー宅に滞在したり、全寮制の学校で生活したりしながら、海外の大学への進学をめざしているのだ。

また、最近は、海外への母子移住も増えている。シンガポールでは、教育のために子どもと暮らす外国人の母親は「スタディー・マザー」、その家族は「トランスナショナル家族」と呼ばれ、様々な研究がなされている。[*11] どのような移住の形であれ、既存の研究が示すのは、教育移住の背景に、英語による多文化環境での教育を通じて、子どもに高い語学力や学力を身につけさせ、子どもの社会的・経済的な成功につなげたいという親の希望があることだ。自国の抱えるリスクから子どもを守りたい、といった願いも示唆されている。[*12] 日本の状況もこうしたトレンドに収斂しつつある。

自分の子どもが成人して働く頃には、これまでのように日本に住んで、日本語のみで教育を受け、日本語しか話せなくても豊かな生活を送れる時代ではなくなっているのではないか、と感じる親たちが増えてきている。少子高齢化や円安が進み、大幅な経済成長の可能性が狭まる中で、日本の抱える長期的な経済リスクから子どもを守りたいと考える親が増えているのだ。

筆者がインタビューした海外在住および海外移住を検討中の子育て世代たちから頻繁に聞いたのは、「子どもに将来の選択肢をより多く与えたい」「世界中どこでも働けるように育てたい」という声だった。「日本に住んで日本語だけで教育を受けていることはリスク」だという声もあった。豪州在住の女性は、移住の理由を以下のように語った。

「経済の状況もありますし、これからは、中国や北朝鮮の問題もありますし。（中略）自然災害の不安もあります。教育をこちら［豪州］でさせて［子どもが］どこでも働けて、どこでも住めるようにしたかったのです。それから、自分の住む国を自分で選べる、という選択肢を持たせてあげたい、という気持ちもありました」

ある移住コンサルタントは、海外移住を希望する日本人をサポートする中で聞く声として教育の比重は大きく、それは将来への不安と関連していると述べた。

「財産以外に子どもに残せるものは何かというと、教育と、他の国でも生きていけるオプションと考える親御さんが多いです。日本だけでしか生きられないことに対して、ご自身も不安を持っているからです」

ただ、子どもにグローバルな選択肢を与え、将来の経済リスクを回避させるために、必ずしも海外移住が必要というわけではない。日本でも英語は学べるし、国内のインターナショナル・スクールに入れて英語で教育を受けさせるという選択肢もある。

では、なぜ海外移住なのだろうか。一つにはコスト面がある。日本ではインターナショナル・スクールは年間の学費だけで200万円以上かかるところが多く、兄弟姉妹がいる場合には全員を通わせるのは経済的に大変だ。日本人でも子どもを国内のインターナショナル・

スクールに通わせる親が増えてきてはいるが、経済的なハードルが高い。だが、就労ビザを取り、子どもを公立校に入学させれば、学費がほぼ無料で教育を受けられる英語圏の国々もある。また、こうした国では、学校の外で生活英語を学べるだけでなく、多様な文化を肌で感じられるメリットがあると考える親もいた。

個性の尊重

日本の学校の教育のあり方に疑問を感じていた移住者も多い。既存の研究では、日本の教育を「抑圧的」だと感じたり、「試験重視」が問題だと考えたりする海外移住者が多いことが明らかになっている。*13 筆者がインタビューした移住者たちの中にも「つめこみ教育」や「協調性を求められすぎること」「自由がないこと」などへの懸念があった。豪州在住の男性は以下のように述べた。

「［日本では］先生が生徒に皆と同じように行動するように指導するし、皆がそれに従います。（中略）生徒はもっと自由であるべきだと思うのです。生徒たちが自分の意見をはっきり言えることは、大切だと思っています」

このような声に示唆されているように、海外での教育に求める点としては、個性の尊重が大きなポイントだった。また、欧米やカナダ、豪州、ニュージーランドなどの学校のほうが、子どもの個性を伸ばしやすく、自信をつけやすいと考える移住者たちもいた。ある女性はこう語る。

「[子どもは] もともと少し自信がない感じだったのです。でも豪州に来てからは、先生が『自信をつけてあげることが一番大切だ』とお話しくださって。少ししか宿題の文章が書けなかったときも、褒めてくださったのです。『日本から来たばかりなのに、こんなに書けてすごいね』と。何かを『頑張った』ということで賞をもらえて、先生の部屋の前に貼り出されることもあり、子どもに自信がつきました」

筆者がインタビューした豪州やカナダ在住の親たちは、語学力だけではなく、子どもが自分らしくのびのびと、自信を持って生きられる環境を求めていた。移住コンサルタントらも、子どもの個性を尊重し、能力を伸ばしてくれる学校を望んでいる親は多いと語っていた。

グローバル・コンピテンシー

一方で、こうして教育を目的に移住する人々も、全員が日本の教育に不満というわけではなかった。その質の高さもよく理解しており、「日本の教育にも良いところがある」という言葉は、頻繁に聞かれた。中華圏を除く海外の国々では、日本から移住した子どもが、算数や理科ですぐトップに近い成績をとれることが知られている。この背景には日本の教育の質の高さがある。実際、OECDの学習到達度調査（PISA）の結果を見ても、日本の教育レベルは、先進国の中でも上位グループに属している。

しかし、教育を目的に移住した親の中には、留学や海外駐在の経験を持ち、国際的な仕事に従事していた人々が多く、自身の経験から、世界で求められている能力を自分の子どもに身につけさせたいと願っていた。それは「自分の頭で考える力」（思考力）と「自分の考えを伝える力」（コミュニケーション能力）、そして「多様な人たちと理解し合い、協働できる能力」（異文化コンピテンシー）だ。

OECDのPISA調査では、数学、科学、読解力などの従来の項目に加えて今後必要になるであろう能力を測る「革新分野」も出題されている。2018年には「グローバル・コンピテンシー」がテーマとなった。これは国際的な課題に関する理解や文化的多様性・寛容性に対する態度を評価するための新しいアプローチだ。日本は不参加だったが、この「グローバル・コンピテンシー」とは「①地域的、世界的、そして異文化間の問題を検討する能力、②他者の視点や世界観を理解し、認める能力、③異なる文化を持つ人々とオープンかつ適切で効果的な関わりを持つ能力、④集団のウェルビーイング（良好な状態）と持続的な開発のために行動する能力」と定義されている。[*14] グローバル・コンピテンシー調査が行われたことは、これからの世界を生きる子どもたちにとって、このような資質や能力が必要だという認識が世界の中で高まっていることを示唆している。

子どもを海外で育てるために移住した人々や、現在移住を検討している人々の多くは、こうした能力の必要性を認識していた。そして、グローバル・コンピテンシーを身につけることとは、世界中どこでも働いたり住んだりしやすくなることにもつながり、「子どもに選択肢を与えられる」と考えていた。また、海外経験のない人も、日本の職場でダイバーシティ(多様性)が推進され、トレーニングプログラムが提供されていることや、外国人社員が雇用されるようになってきたことで意識が変わりつつあった。そのため、多文化な社会で多様性を肌で理解できる大人に育てたいという声が多かった。カナダと豪州に住む移住者たちは、それぞれ次のように述べた。

「こちら［カナダ］では、言語も国も宗教も違う、いろいろな人たちがいる中で暮らしています。［子どもが］学校生活を送る中で、日本にはない部分なので、いいなと思って来たのです」

「語学自体はAIがあるので、対面で自動通訳してくれると思うのです。ただ、最近、ダイバーシティの話とか出てきていますが、ああいうものは大人になってから学んでもよく分からないじゃないですか。小さいうちから一人一人違うのが当たり前、という環境で育てたいと思ったのです」

教育移住は、必ずしも富裕層だけに限られているわけではない。子どもをインターナショナル・スクールで教育するために、マレーシアのコールセンターで働く夫婦やシングルマザーたちもいる。移住コンサルタントによれば、日本より高い給与や安定した職が望めなくても、海外に移住して何とか子どもに良い教育を与えたいと考える親が増えているという。

これまで教育を目的として移住した人々の声を紹介してきたが、教育移住がすべての子どもや親にとってプラスに働くとは限らない。子どもが現地の学校にうまく適応できなかったり、日本語を十分に習得できなかったりして帰国する家族がいることも指摘されている。[*15] また、移住コンサルタントによれば、他にも帰国の原因として、親自身が現地のコミュニティに適応できないケースや、物価の高騰や学費の上昇で、経済的な困難に陥るケースがあるという。

もともと、高校や大学の「帰国生枠」での受験を視野に海外移住する人々もいるが、帰国する時期が早まった場合、子どもの日本語能力によっては、日本の学校への再適応が課題となることもある。[*16] 杉原真晃《すぎはらまさあき》氏は、子どもが障害を持つ場合には、適応がさらに困難なものとなり得ると指摘する。移住コンサルタントも、親が途中でプランを変更することで子どもの進学の選択肢に大きな影響を及ぼすことのないよう、移住前から綿密なバックアップ・プランを立てておくことが必要だと警鐘を鳴らしていた。

退職者移住と介護移住

最後に若い世代や子育て世代だけでなく、熟年世代の中にも、日本で生活することをリスクと捉える視点があることを付してこの章を締めくくりたい。

退職者移住についてはすでに序章で触れたが、小野真由美《おのまゆみ》氏は著書の中で、中西佐緒莉《なかにしさおり》氏（「年金海外生活ラボ」主宰）の「日本で老後を生きていくことが実はいちばんリスクが高い」という文章を紹介している。[*17] 少子高齢化による財源不足や医師、看護師、介護士などの不足がすでに大きな問題となっている中、10年後、20年後の日本が現在の医療制度および社会保障制度を維持できない可能性があり、それをリスクだと考える人々がいるというのだ。日本における高齢者福祉や年金制度の先行きを不安に感じている人々は少なくない。

また小野氏は、退職者の海外移住を支援している前述のロングステイ財団が、老々介護の解消を目的とした要介護者の海外移住を奨励していた時期があったことも指摘する。２００６年以降、財団の出版物に「老々介護の軽減にもロングステイ」「要介護の家族と一緒にロングステイ」といった文言が盛り込まれ、２０１０年に発表された財団の出版物には次のような提言が掲載された。

「アジア各国の看護師・介護士の方々が来日し、活躍中である。これらの人的資源を最安値で享受できる方法は、彼らの母国でロングステイをし、サービスを受けることである。ロングステイの間、24時間介護生活を送り、またその家族は《ママ》介護労働から解放されることは家族の精神衛生上の観点からも大いに期待したい[*18]」

このような財団の奨励によって、海外における高齢者介護が実際にどれほど進んだかは、データがないため明らかではない。だが、様々な研究やノンフィクションでも明らかになっているように、東南アジアに移住し、現地のヘルパーや知人のサポートを得ながら、海外で高齢の親や配偶者の介護をしたり、自身が介護を受けたりしている日本人たちは実際に存在する。

一方、介護移住や退職移住は、近年、各国における政策の変化や円安の影響で、難しくなりつつある。こうした状況も含め、次章では日本人がどのように移住先を選択しているのかについて詳しく論じていく。

第5章　移住先の選択——文化から税制まで

日本人の希望と決断

これまで、「自己実現」「生きやすさの模索」「リスク回避」「豊かさの追求」といった日本人の海外移住の志向性について、プッシュ要因を中心に論じてきた。だが、人の移動にはプル要因もある。海外に移住したいと考える人たちも、どこでも良いと考えているわけではなく、個人の属性や志向性、また移住する理由によって、希望する移住先が異なる。一方、どの国にも外国人に対する様々なハードルがあるため、移住したい国や地域に必ず住めるわけでもない。移住者と受け入れ国側のマッチングがあり、自ずと選択肢が限られてくるのが現状だ。

では、日本人は、どのような国への移住を希望し、どのように最終的な移住先を決めているのだろうか。国際的な研究では、移住のプロセスにおける親族や友人などのネットワークの重要性が指摘されてきた。[*1] だが、筆者のインタビュー調査や各国の移住コンサルタントたちへのヒアリングによれば、移住先にネットワークがある移住者たちは少数派だった。多くの移住者がインターネットやSNS、移住コンサルタントなどから得られた情報をもとに、自分のスキルや職業経験、語学力、経済力を考慮し、移住が可能な国々の中から、後述する様々な要素を勘案して移住先を決めていた。

また、すでに述べたように、「豊かさの追求」という志向性は存在するものの、必ずしも給与レベルが最も大きな要因ではなかった。給与が日本にいたときより高くても、主要先進国においては物価も同様に高いからだ。IT系の技術職のように日本と比べて海外の給与レベルが極端に高い職種を除くと、一般のホワイトカラー職種では、海外で働いても、購買力は相対的にほぼ変わらないか、場合によっては下がるケースもある。

多くの人たちは、自分が選べる選択肢の中から移住先の国を選ぶ際は、給与というよりは、長期的なキャリア・アップの可能性を含めた、より良い自己実現が可能であること、そしてライフスタイルが改善でき、より生きやすく、リスクがより小さいと思われる国を選択する。

それらが実現できることが、移住先が持つプル要因でもある。紙幅の制約上、すべての要素や国をカバーすることはできないが、日本人の移住先として昨今関心が高まっている国や地域を中心に、既存の研究と、筆者がインタビューした移住者、移住経験者、移住コンサルタントの声の中から、主なものを拾っていく。

英語圏と多文化環境

まず、筆者がインタビューした多くの日本人が移住先を決める際に考慮に入れていた共通条件を挙げたい。

最も基本的な要件として挙げられたのは「英語圏の国であること」だった。非英語圏で育った人や、非英語圏の国にルーツを持つ人は別として、大多数の日本人にとっては英語が最も身近な外国語である。もちろん非英語圏に留学し、そのまま現地で就職したり、国際結婚でパートナーの国へ移住したりする日本人も少なくない。だが、日本の教育システムで育った人が海外に移住する場合、英語以外の第二外国語で仕事をするためのハードルは高い。また、子育て世代のほとんどは、子どもが将来働いたり住んだりできる国のオプションを最大限に広げるため、事実上の世界共通言語である英語を英語圏の国で学ばせたいと考えていた。

英語圏とは、米国、英国、カナダ、豪州、ニュージーランド、シンガポールなど英語が公用語である国々にとどまらない。マレーシアやUAEといった英語が公用語に準ずるレベルで使われている国が含まれる。また、あるコンサルタントによれば、ドイツなどの欧州のIT業界では、英語だけでも仕事や生活が可能であることから、職種によっては選択肢に入れる人も多いという。

多文化社会を望む人々も多い。移住先では、日本人は「外国人」になるため、移民や外国人が多い社会のほうが、自分や家族が受け入れてもらいやすいと考えるからだ。特に子育て世代にとっては、多文化環境のほうが子どもが学校になじみやすいという点だけでなく、前章で述べたグローバル・コンピテンシーを身につけやすいという側面もあった。

日本との文化的・物理的な距離

日本との文化的・物理的な距離もしばしば選択条件に入っていた。文化的距離というのは、日本食材へのアクセスや日本人コミュニティの存在だ。慣れ親しんだ食生活を急に変えることは難しく、海外に移住した後も日本食を食べ続けたい日本人がほとんどだ。その意味で、シンガポール、タイ、マレーシアといったアジア諸国や米国・カナダの西海岸、豪州の東海岸などは、日本のスーパーや日本食レストランが多く、食生活や生活様式を大きく変えずに暮らせるという理由で人気がある。香港も長い間人気が高かったが、2010年代以降、政治状況が変化し、富裕層や起業家の移住先としての地位を失いつつある。

子育て世代の移住者たちは、移住先の日本人コミュニティの存在も重視していた。慣れない異国の地で、他の子育て中の日本人らと交流し、アドバイスを得たいと考えていたからだ。妻が専業主婦で英語が得意でないことから、日本語を話せる「ママ友」を作れる環境が大事だと考えていた男性もいた。

物理的な距離に関しては、日本への直行便があることや、フライト時間が長すぎないことや日本との時差が大きくないことなどが望まれていた。時差が小さいことは、日本にいる親族や友人たちと頻繁にコミュニケーションがとれるというだけにとどまらず、日本と関わりを持つ仕事をする多くの移住者にとって、ビジネス上、非常に重要だと考えられていた。

治安

独身女性や子育て世代の夫婦にとっては、治安への関心が特に高かった。日本は先進国の中でも特に治安が良いため、海外での治安に関する不安はつきものだ。特に子育て世代は、子どもを育てる上で安全な環境を望んでおり「犯罪率が低い国」や「銃社会でない国」を重視する人が多かった。

こうした人々に人気があるのは、カナダや豪州、ニュージーランド、シンガポール、マレーシア、タイなどだ。知人の子どもが米国で銃犯罪に巻き込まれたという女性は、移住前の親子留学を検討していたときから、米国を選択肢から外していた。ある移住コンサルタントによれば、自分が米国に転職できるスキルがあっても、子どもがいるために治安を理由としてカナダを選ぶ人がいるという。子育て世代の日本人たちの中には、犯罪率など治安について調べてから移住先を決めていた人たちも少なくなかった。

既存の研究によると、退職者も治安の良さを理由にマレーシアやタイを選んで移住したことが示されている。*2

気候と自然環境

気候と自然環境も重視される条件だ。カナダ移住セミナーに筆者が出席した際にも、参加者からの最初の質問が気候に関するもので、冬の寒さについて懸念していることがうかがえた。一般的に、退職者が移住先として温暖な国を選ぶということは、これまでの先行研究でも明らかになっているが、筆者の研究では、若者や子育て世代の多くも重視していた。

一方、自然環境は、どの国でも都市部と郊外では状況が異なることもあり、国を選ぶというよりは住む都市を選ぶ際に重要視されていた。ある女性は、子どもを連れてお試し留学で訪れた豪州北部のケアンズの環境に魅了されたという。

「この自然環境の中で暮らしたいと思いました。（中略）学校が終わると、子どもと一緒に歩いてビーチまで行って、潮干狩りをしたりとか。（中略）生活の質がものすごく高いのです」

彼女は「本当に人間らしい暮らし」という言葉を何度も使い、ケアンズの豊かな自然の中での生活の素晴らしさについて語った。豪州のシドニーやメルボルン、カナダのバンクーバーなどの都市部でも、周辺に海や山が近くにあるため、自然環境を気に入っているという移住者たちもいた。

物価

最近では物価も移住先を検討する際のポイントになりつつある。世界的に物価や家賃の高騰が著しいこともあり、仕事のオファーをもらっても、給与と現地の物価との兼ね合いを考慮に入れる必要があるからだ。

例えば、シンガポールは2022年に世界で最も物価の高い都市であった。[*3] メディアの報道では2023年6月の平均家賃は5200シンガポールドル（約56万円）で、シンガポール中心部で3000シンガポールドル（約32万円）以下の賃貸物件を見つけるのは不可能に近く、見つけられるにしても1LDKの物件だという。[*4] 都市再開発庁（URA）の民間住宅賃貸指数は2021年初から2022年末までに43%上昇している。[*5]

2000年代から日本人の退職者や中間層の間で人気の高い移住先であるタイやマレーシアでも、物価は高騰している。米マーサー社の2023年「世界生計費調査・都市ランキング」[*6]ではバンコクが105位で、名古屋(113位)より生活コストが高かった。日本人の需要が高いバンコクではコールセンターのオペレーターの給与が5万バーツ(約21万円)程度であることを考えると、家族がいる場合には、経済的に楽ではないかもしれない。また、クアラルンプールは180位だが、マレーシアのインフレ率は日本を上回っているため[*7]、円安の進行も重なり、日本との物価の差は縮小しつつある。

税制

経済的な「豊かさの追求」も、海外移住の重要な志向性の一つだ。移住コンサルタントらによれば、富裕層や経営者、起業家などにとって、海外への移住先を決める際、最も重要な基準になるのが前述の税制だという。法人税、相続税、贈与税、キャピタルゲイン税などが低いことが条件だ。

法人税に関しては、2021年に世界レベルで最低税率を15%以上とするという「グローバル・ミニマム課税」に関する合意が約140ヵ国・地域によってなされ、2024年度から各国・地域で法人税率が引き上げられる。だが、課税の対象は年間総収入金額が7・5億ユーロ（約1170億円）以上の多国籍企業に限られているため、[*8] 中小企業の経営者や起業家の海外移住にとっては直接の大きな影響はなさそうだ。

一方で、昨今では富裕層に人気のある投資永住ビザの数が減り、ハードルも上がっている。例えば、シンガポールでは2023年に「グローバル投資家プログラム」（Global Investor Programme）の永住権の取得要件が大幅に引き上げられ、投資家には、個人に対する厳しい要件だけでなく、プログラムのカテゴリーによって巨額の投資を求めている。投資額はプログラムのカテゴリーによって異なるが、最低投資額が1000万シンガポールドル（約11億円）となっている。[*9] このような政策変更は、海外からシンガポールへの移住熱が高まっていることで、シンガポール政府がこれまでの「富裕層の誘致」から「富裕層の厳選した受け入れ」にシフトしたことを示している。

移住コンサルタントによれば、日本の相続税を回避するのに必要な10年という海外在住期間を確保するために移住している人々もおり、必ずしも皆が永住権の取得をめざしているわけではないという。永住権が付与されない起業ビザで法人を立ち上げ、自分自身に対して就労ビザを出すことで長期滞在するケースもある。

シンガポールにおける日本人永住者の数は、2016年から2021年の5年間で35・

8%も増えた。[*10] しかし、移住コンサルタントらによれば、永住権の取得が難しくなりつつあり、男子の子どもには兵役もあるため、永住権にそれほど固執しない日本人も少なくないようだ。あるシンガポール在住の日本人移住者によれば、実際に永住権を取得した日本人たちは「かなり意を決して取っている」という。

一方、「子どもが実際に兵役に行かなければならないのは18歳以上なので、とりあえず子どもが小さいうちは永住権を取得してみる」移住者たちもいる。そうすることで享受できる経済的なメリットがあるからだ。3年経つと公営住宅を購入することができ、不動産取得税も優遇され、医療費や学校の授業料も減額されるなど、受けられる恩恵は大きい。

隣国のマレーシアも、税制の面で、日本人富裕層の関心が高い。特に金融経済特区のラブアン島は、住民税や消費税、相続税、贈与税がなく、優遇税率（0%または3%）を受けられる租税回避地として人気が高かった。2019年以降は優遇税率の適用条件が厳しくなったため、以前と比べると日本人の関心は薄れたが、現地で日本人の起業を支援するKSGホールディングス代表の熊木《くまき》雄介《ゆうすけ》氏によれば、マレーシアに長期で移住することを目的として、ラブアン島に法人を設立する人々もまだいるという。

ラブアン島で法人を立ち上げる税制上のメリットは法人税率以外にもあるからだ。法人の設立後に自身を雇う形で就労ビザを申請でき、そのハードルも低い。島外にも居住できるため、家族と首都クアラルンプールに住みつつ、ラブアン島でマレーシア国外向けの事業を続けられることも魅力のようだ。子どもの教育を主な目的として、ラブアン島に法人を立ち上げ、通常の一般税率でビジネスをしている人々もいるという。

投資・起業の環境と社会的ステータス

UAEのドバイも、日本人の経営者や起業家の間で関心が高い。前述したように、所得税、住民税、相続税、贈与税、キャピタルゲイン税がなく、暗号資産の売却や交換などによる利益も非課税だからだ。2023年までは法人税もゼロだった。2023年6月から法人税が導入されたが、税率は9％と日本に比べて低く、収益が年間37万5000ディルハム（約1500万円）以上の企業に限られる。[*11] また、「フリーゾーン」という経済特区内で年間売上が300万ディルハム（約1・2億円）以下の企業に対しても2026年まで免税措置がとられた。

2021年の「グローバル・ミニマム課税」への合意にUAEも加わったことから、今後はフリーゾーンにおいても15％の税率が適用される可能性があると指摘する識者もいる。ただ、大企業が対象ということもあり、中小企業への影響は限定的なようだ。

ドバイで移住サポートを行っているLogical X Consultancyの最高執行責任者である加藤《かとう》

宗士《そうし》氏によれば、2023年11月時点では、引き続き節税を理由とした日本からの移住者は増えているという。2022年3月にドバイ暗号資産規制局が設立され、暗号資産に対する規制が始まり、零細企業の場合のメリットが少なくなってきたものの、大企業の場合には、透明性の担保をはじめとする、規制による恩恵もあるとのことだった。

ドバイが富裕層の移住先として選ばれる理由は、税制以外にも、英語が通じること、治安の良さ、高い医療水準に加え、教育環境が整っている点など、様々だ。UAE全体としても、その教育環境に子育て世代が注目している。英国系、米国系、国際バカロレア（IB）のカリキュラムを持つ質の高いインターナショナル・スクールがそろっているからだ。ニューヨーク大学や英国のバーミンガム大学など、欧米の大学の分校もある。永住ビザは存在しないが、長期滞在は可能で、富裕層が節税と教育移住という二つの目的を両立できる国として関心が高い。

UAEは2020年にイスラエルと国交が正常化されたこともあり、2023年に始まったイスラエル・ハマス戦争の影響も限定的のようだ。加藤氏によれば、イスラエルからUAEに移住する人々もおり、2023年11月の段階ではまだ世界各国からのドバイへの移住に影響はないという。また、同月にはドバイ国際商工会議所が東京に拠点を立ち上げ、ドバイ進出を検討する日本企業への支援や、スタートアップの呼び込みを始めた。[*12] こうした背景もあり、日本からの移住は続きそうだ。世界レベルでもまだUAEの人気は高く、2023年の富裕層の移住先としては、豪州に次ぐ第二位だった。

2023年の富裕層の移住先の第一位である豪州や、カナダ（同六位）、ニュージーランド（同十位）も、相続税と贈与税がないため、富裕層に人気がある。しかし、豪州とニュージーランドは、投資永住ビザの取得要件のハードルが高くなりつつある。必要な投資額は、豪州が250万豪ドル（約2億4000万円）[*13]、ニュージーランドは1500万NZドル（約13億4000万円）だ。[*14] カナダの連邦政府は2014年に投資永住ビザを廃止した。唯一、ケベック州が、まだ州独自の投資永住ビザを維持しているが、120万カナダドル（約1億3000万円）の投資や、中級以上のフランス語能力の証明書などを義務づけており、[*15] 日本で教育を受けた日本人にはハードルが高い。

米国の投資家ビザも永住が可能で、必要な投資額は80万米ドル（約1億1300万円）と他国と比べるとそれほど高くない。[*16] 相続税も、上限を40％とする連邦遺産税はあるが、基礎控除額が1292万米ドル（約19億円）と非常に高い。[*17] 州によっては遺産税を課税するところもあるが、フロリダ州やカリフォルニア州は非課税だ。

ある移住コンサルタントは、日本の経営者や起業家にとって、米国は市場が大きいことや、著名人が多く住むこともあり、高い社会的ステータスを持っていると指摘する。そのため、まだ投資ビザで米国をめざす日本人は多い。経営の状況によっては、ビザの更新ができずに帰国を余儀なくされるが、軌道に乗れば永住の道が開けることになる。日本人の富裕層が多いハワイや、世界の先端企業が集積するシリコンバレー周辺、文化の中心であるニューヨークへの関心が高い。筆者がインタビューした起業家の中にも、いずれはシリコンバレーやニューヨークをめざしたいという希望を持っていた人々がいた。世界全体の富裕層の流入数から見ても、米国は第四位と、人気は根強い。

市場の若さという魅力

最後に、経営者や起業家が移住先を決める際には、節税効果や市場の大きさだけでなく、人口の「若さ」や規制の緩さも移住先を選ぶ際の魅力となることも指摘しておきたい。人口の年齢の中央値が20・9歳という「若い国」ケニア[*18]で起業した日本人は、こう述べる。

「若い市場は持っている熱気が全然違いますし、一つのソリューションやサービスを生み出したときに、使ってもらえる期間が長いです。ここで若い人たちに自分のビジネスを気に入ってもらえたら、そこから45年、50年残るサービスになるかもしれない。それが、僕の中では「移住の」プル要因だと思います」

日本における年齢の中央値は49・5歳で、世界第三位の高さだ。米国（38・5歳）、豪州

（37・9歳）、シンガポール（38・9歳）と比べても差が際立つ。[*19] 若い世代に魅力的な新しい技術やサービスを提供するビジネスを実現したい起業家にとっては、消費者が若く、国として活気があり、これから伸びていく市場を志向することは納得がいく。

また、「国の規制がそれほど厳しくない」「年功序列的な要素があまりない」「自由に新しいものに挑戦できる土壌がある」といった条件も、移住先の選定に影響するという若い起業家の声があった。

狭い就労の選択肢

就労ビザの取得による移住を検討する人々の多くが直面するのは、移住先の選択肢の狭さだ。前述のようにどの国も自国民の雇用確保が優先のため、人材不足の職種を中心に外国人を受け入れているからだ。

ワーキングホリデーや留学の場合は期間が限定されていることもあり、職種の制約がなく働けるが、通常の就労ビザの場合、どの先進国でも発給要件が厳しくなってきている。日本人に人気のあったシンガポールでも、２０１３年から政府が自国民の雇用の促進と安定を図る政策を導入し、就労ビザの発給要件が厳格化され、一般企業で働くことを考える人々にとっては、ハードルが高くなりつつある。

コロナ禍が明けて、労働力不足が顕在化したこともあり、2022年以降は多くの国々が要件を緩和したが、今でも基本的に就労ビザは自国民が不足している職種か、あるいは高い学歴やスキルを持つ人々などに限られている。

海外キャリアコンサルタントのセイ佳子《よしこ》氏によれば、移住希望者は、自分の職業への需要が高いこと、学歴や職務経験を認めてくれること、自分のスキルにあった仕事が見つけやすいことなどの条件で国や都市を絞り込んでいく。しかし、希望する国とその国が必要としているスキルを合致させるのはそれほど容易ではなく、移住前に日本でスキルや語学力を上げなければならないケースが多いという。また、企業にスポンサー（身元保証人）となってもらうタイプの就労ビザの場合、職を見つける必要があるだけでなく、提示された給与が政府の決めた給与水準より高い（それだけ重要な人材であること）という要件もクリアする必要がある国も少なくない。

資格認定と就労ビザの壁

「人材不足」と認定されている職種でも、日本の資格がそのまま認められないケースは多い。例えば、医師や看護師の場合、一部の例外を除き、海外では基本的に日本の国家資格が認証されないため、就労ビザを取得するためには、新たに試験や研修を受け直すなど、各国政府が決めた要件を満たす必要がある。日本の病院で長年経験を積んでいても、こうした要件が免除されることはない。豪州在住の日本人医師の経験では、英語で筆記試験の準備をし、合格するのは非常に大変で準備に時間もかかるという。それでも最近では、前章で述べたような様々な理由から、海外で働ける資格を取るべく移住する医療従事者が増えているようだ。

また、現地で学位や資格を取っても、その国で必ず就労ビザを得られるという保証はない。米国の場合、技術者や専門職の人々が取得する就労ビザに抽選システムが導入され、当選しなければビザの審査すらされなくなった。2024年度の枠に対して世界中から約78万人もの応募者があったが、最終的にビザが発給されたのは全体の24%強だった。[*20]

海外就職をめざす日本人に米国でキャリアコーチングを行っているクロスボーダーコネクト社代表のブレナー真由美《まゆみ》氏によれば、最近は日本から米国での永住をめざす専門人材の多くが、日系企業の現地採用者として就労しているという。現地採用者向けのビザは比較的取りやすく、一定の条件を満たすことで、永住権申請が可能になるからだ。ビザをめぐる状況は厳しいが、それでも果敢に海外転職に挑戦する日本人は多いとブレナー氏は指摘する。

米国では抽選で永住ビザを付与する「移民多様化ビザ抽選プログラム」という制度もあるが、国務省の2022年のデータによると、約734万人の応募者に対して当選者は約5・6万人と、当選確率は1%にも満たない。2024年1月の時点では2022年以降の国別データが公表されていないが、2021年の抽選に応募した3万565人の日本人のうち、当選したのはわずか1・7％の532人であった。[*21]

各国の条件

2023年現在、日本人の海外永住者が最も多いのは米国だが、前出のブレナー氏によると、クライアントに最も人気のある移住先は豪州だという。米国では永住につながる就労ビザが取りにくくなっている一方で、豪州では、就労ビザから一定期間後に永住権申請ができるスキームに加え、入国時から永住権を付与するスキームもあるからだ。また、個人事業主がビザを取得しやすいオランダも人気があるとのことだった。前出のセイ氏によれば、IT技術者に関してはドイツをめざす人も多いという。

欧州の場合、それぞれの国に就労ビザを申請することも可能だが、EU圏の国で雇用契約をもらった場合、EUブルーカードを申請することもできる。高度な技術や資格を持っている人々で、年収が一定の基準に達していることなどの要件があり、期限つきだが、取得できれば1年後に他のEU加盟国で働くこともできる。永住については各国で条件が異なるが、例えばドイツでは、高技能の専門職であることや語学力などの要件を満たせば、3年弱での永住権申請も可能だ。[*22]

カナダも、移住先として日本人の人気が高く、永住権を視野にワーキングホリデーや留学で渡航する人々が多い。特に、現地の専門学校や短大で英語や専門資格を得るための授業を受け、インターンシップで職業経験を積むことができる「コープ留学」は、永住希望者たちにも人気だ。

カナダの場合、人材不足の多くの職種に広く門戸が開かれており、調理師や保育士、美容師といった、大卒資格がなくても就労できる職種が多いことが魅力となっている。日本で教育を受けた日本人にとっては、永住権申請に必要な語学力要件や現地における職務経験などの面でハードルが高いが、生活環境の良さを求めて挑戦する日本人は多い。

豪州もコロナ明け直後に一部のビザ要件を緩和し、永住権の申請に必要な就労ビザ保持者の就労期間を3年間から2年間に短縮した。また、以前は永住ができないとされていたタイプの就労ビザでも、一定期間後に申請が可能になり、永住への道が広がった。しかし、これまでと変わらず、スキルと語学力は必須で、全体の移民数は削減予定だ。

AOMビザコンサルティング社代表の足利弥生《あしかがやよい》氏は、ビザの取りやすさという点では、豪州が2023年7月に導入した介護分野の移住スキームが今後日本人の関心を集めると予想する。これまで豪州では、老人介護施設が海外から介護職の外国人を受け入れていなかったが、人材不足の深刻さから政策が変更された。施設が政府指定の労働組合と協定を結ぶなど一定の要件を満たせば、外国人介護職の就労ビザのスポンサーとなり、雇用できるようになったのだ。

この新しいスキームは、外国人側にとっても比較的ハードルは低く、義務づけられている資格も、現地の専門学校に半年ほど通えば取得が可能だ。資格の取得後に豪州の介護施設で2年間の経験を積み、語学力要件を満たし、ビザのスポンサーが見つかれば永住権申請ができる。[*23] 介護職の待遇は日本と同じく厳しいが、永住権を取得すれば職を自由に選ぶことができるため、期間限定の仕事として豪州で介護職に就く日本人は増えるかもしれない。医師や看護師と同様に、介護福祉士という日本の資格は通用しないが、豪州で新たに資格を取得して永住をめざす日本の介護士も出てくる可能性がある。

また、女性は海外転職の場合、ジェンダー的な環境も視野に入れている。ある移住コンサルタントは、「女性のキャリア・アップや就職事例が多い」という理由で移住先を選んだ女性が多いと語る。移住者が居住国を選択する際には、その国のイメージや政策も反映される。それ以外には、労働需給という要素もある。例えば、IT職種の募集が多いカナダでは採用の男女比がほぼ半々だが、エンジニア職や営業職の募集が多い中国では、男性のほうが多いというコンサルタントもいた。労働市場のジェンダー的側面も、日本人女性の移住先に影響している。

日本語で働ける就労オプション

マレーシアやタイなどの新興国では、まだ日本語で働ける職場があり、多国籍企業では給与アップも可能なため、日本人に人気がある。こうした新興国の多くは、自国民の配偶者や、投資家・起業家、高度専門職以外は永住権の取得が難しいが、就労ビザを更新して働くことは可能だ。

海外移住者向けにファイナンシャル・プランニングに関するアドバイスを行っているクエスター・キャピタルの大城祐子《おおしろゆうこ》氏は、英語があまり堪能ではない日本人が海外で働くことを検討する場合、最も就職しやすい国の一つがマレーシアだという。マレーシアは、政策としてビジネス・プロセス・アウトソーシング（BPO）の拠点を形成しており、誘致した大手グローバル企業が、日本在住の顧客向けにカスタマー・サポート業務などを行っている。コールセンターのオペレーターや営業、マーケティングなどの業務に、日本から移住した多くの日本人が就いているのだ。

別の海外転職コンサルタントによれば、欧米企業におけるオペレーターの給与は月7000～1万リンギット（約22～31万円）で、日系企業の場合はこれを下回る。だが、日本語で仕事ができて、一定レベルの給与が得られる国は、世界的に見ても限られており、日本人にとって魅力的だという。前出の大城氏は「英語が話せなくても海外志向があるという方は一握りいて、そういう方にとっては［マレーシアは］チャンスになる」と語る。

教育移住先の選択肢

子どもの教育が目的で海外移住をめざす日本人にとっては、すでに述べた条件以外にも、様々な条件を視野に入れている。子育てのしやすさ、教育水準、教育方針、そして学費だ。子ども時代に海外で過ごした人や、海外留学や駐在の経験がある人たちで、自分が教育を受けた国に移住する場合は、その地でのネットワークもプル要因の一つになる。一方、海外とはあまり縁がなかった親たちの中にも教育を目的に移住を望む人々は少なくない。こうした親たちは、まず子どもを海外旅行に連れていったり、国内外のサマースクールに参加させたりして、子どもの様子を見極めることから始めるようだ。現在では、夏休みに多くの国々が親子留学プログラムを提供している。気に入って、現地校に入学する子どもたちもいる。

移住先は、親の教育志向によっても異なる。世界最高峰の大学に子どもを進学させることを主目的として考えている人々は、高い進学率で有名な米国のボーディング・スクール（寄宿舎つきの学校）や、英国の名門パブリック・スクールなどを選択肢に入れる。世界の超富裕層とのネットワーキングを重視する人々は、スイスやUAEなどを移住先として選ぶかもしれない。英語だけではなく、中国語も習得してほしいと考える親は、シンガポールやマレーシアを視野に入れるようだ。

一方、家族での永住を視野に入れている人々は、カナダや豪州、ニュージーランドがメインの選択肢に入りやすい。これらの国々では、就労ビザや永住ビザがあれば公立学校の学費が無料になるというメリットも、プル要因となっている。

高度専門職や起業家・富裕層は家族を連れて移住しやすいが、親が現地で就職や起業ができない場合は、片方の親が日本で働き、もう一方の親が保護者ビザ、子どもが学生ビザを取って海外に滞在するケースが多い。多くの国では、親一人しか保護者ビザが取れないためだ。その際、保護者は母親か祖母に限定され、父親は申請できない国もあるため、そうした条件も移住先に影響し得る。カナダの場合は、どちらの親でも保護者ビザを取ることができ、日本の仕事をリモートでできる人々は家族で移住が可能となる。

また、米国のように保護者ビザそのものがない国もあり、親が米国の国籍や永住権を持っていない場合は、就労ビザかビジネス・起業ビザを取る必要がある。親が学生ビザを取って留学し、子どもを帯同して現地の学校で学ばせる人々もいる。

学費の制約

理想の教育を実現するにはコストもかかる。カナダや豪州、ニュージーランドでは、親が保護者ビザで滞在する場合、子どもが現地の公立の小学校に通っても、年間100万円前後の授業料を徴収され、学年が上がると、さらに高額になる。また、豪州の私立学校は、留学生の授業料を現地の生徒より高く設定しているため、中学校で年間400万円の学費がかかったという移住者もいた。親が就労ビザや投資・起業ビザ、学生ビザを取ると、授業料が公立校は無料、私立校も現地レートになるため、そうした道を模索する人々も多い。

シンガポールも、教育水準の高さや二言語教育政策、多文化社会であることなど、魅力が大きく人気が高い。学費の安い公立の現地校に通うことも不可能ではないが、シンガポール国民と永住者が優先されており、定員割れした場合のみ、外国人が申請できる程度だという。地元メディアによると、シンガポール全体の公立校における外国人生徒の門戸は狭いため、[*24]永住権を持たない日本人のほとんどは、子どもをインターナショナル・スクールに通わせているようだ。インターナショナル・スクールの中には比較的安いところもあるが、全体的に高額で、日本のインターナショナル・スクールより学費の高い学校もある。

こうした中、関心を集めているのが、もう一つの多文化社会マレーシアだ。マレーシアにはインターナショナル・スクールが200校以上あり、その規模も質も様々だが、学費がそれほど高くない学校もある。現地で教育移住をサポートしているJUMP　UPマレーシア社代表の山田優佳《やまだゆか》氏によれば、小・中学生の子どもを日本でインターナショナル・スクールに通わせるには年間200万円以上の学費がかかるが、マレーシアではその約半分ほどですむという。円安や物価高騰で学費も上昇しているが、一般家庭でも「子どもを多文化環境でバイリンガルに育てたい」という願いを叶えることができるため、教育目的でマレーシアに移住する日本人が増えている。前出の大城氏も、マレーシアには英国や豪州の大学のキャンパスがあり、授業料が本国のキャンパスと比べると安いことも、子育て世代にとっての魅力だという。

狭まる退職移住の選択肢

退職者たちは、温暖な気候や、物価の安さ、日本人コミュニティの存在、英語圏であることなどを重視して移住先を選定してきた。だが、近年、退職移住が可能な移住先のオプションそのものが急速に狭まっている。50代以上の退職者用の投資永住ビザを廃止したり、長期滞在ビザの要件を厳格化したりする国が増えているからだ。豪州やニュージーランドにはすでに退職者が申請できる投資永住ビザはなく、長期滞在のビザも取得要件が厳しくなっている。豪州では退職者の移住は、その子どもが現地の国民か永住者である場合に限られ、そのビザの取得にも高額な費用と長い審査期間がかかる。

欧州でも、退職者に人気が高かったゴールデンビザと呼ばれる投資永住ビザの見直しが進んでいる。前述のように欧州議会での批判もあり、すでにポルトガルとアイルランド、オランダがゴールデンビザの廃止を決定した。スペインはまだ発給しているが、投資や預金、国債購入のいずれかが義務づけられている。国債購入の場合、最低額は200万ユーロ（約3億3000万円）にもなる。今後、条件がさらに厳格化される可能性があるとの報道もある。*25

バブル期以降、日本人退職者の移住先として最も人気があったマレーシアも、厳しい要件を課すようになった。2021年には5年滞在ビザに4万リンギット（約126万円）もの月収要件が課され、申請者は激減した。2023年12月には新制度が導入されたが、5年滞在ビザに50万リンギット（約1530万円）、15年滞在ビザには200万リンギット（約6300万円）の国内定期預金が義務づけられ、月収要件は未発表だ。新しく永住権申請の道も開かれたが、500万リンギット（約1億5300万円）が必要になる。タイでも10年滞在ビザに300万バーツ（約1200万円）の国内定期預金が義務づけられるなど、日本の年金で長期滞在ビザを更新しながら永住に近い生活を送りたい人々にとっては、ハードルが高くなってしまった。

もちろん、世界はまだ広く、比較的ハードルの低い国々はある。例えば、フィリピンは医療やケアを必要とする退職者用のビザを発給しており、毎月１５００米ドル（約22万円）以上の年金収入と、政府が認める医療保険、１万米ドル（約１５０万円）以上のデポジットの納付があれば「半永久的に住める」というビザだ。だが、他の国々と同様、今後の要件の変更は十分あり得る。

全体としては多くの国々が退職移住を富裕層やそれに準ずる層に限定する傾向にある。ここ数年の動きを見る限り、この傾向は今後も加速しそうだ。そのため、日本の年金を受け取って、物価の安い海外で暮らすという選択肢は少なくなりつつある。

＊

本章では、海外移住を選択する人たちが、どのような視点で移住先を選んでいるのかを見てきた。限られた国々の例ではあるものの、英語の使用可能性、日本との距離、治安、気候、物価などが共通の要素として挙げられた。さらに、富裕層にとっては節税ができる国であるのか、また、外国での仕事を考える場合には就労ビザが取りやすい国であるのか、子育て世代では子どもにとっての環境といった点が判断基準になっていた。

先進国だけでなく新興国でも退職者向けのビザが厳格化され、不動産価格や物価も高騰しているため、現在では、海外で不動産を取得して引退したり、日本と海外を往復しながら生活を送ったりできる日本人の層はこれまで以上に限られるようになった。一方で、物価の安さや医療・介護サービスの質の高さ、治安や利便性の良さなどを考えると、むしろ日本のほうが他の国々と比べて住みやすいと考える高齢者が以前より増えてきてもおかしくない。今後は退職者の海外移住は減少し、むしろ海外移住していた高齢者の日本回帰が増えていく可能性もある。

いずれにせよ、長期で滞在する人も、永住する人も、外国人として生活する限り、その生活は不安定さを内包する。海外に住む日本人が直面する様々な課題については、次章で詳しく論じていく。

第6章　海外移住の影——永住のハードルと移住後のリスク

ここまで日本人の海外移住の背景にある志向性を論じてきた中で、その一つに「リスク回避」があると述べた。しかし、海外に移住すればリスクがなくなるわけでは決してない。日本が抱える様々なリスクを回避できるとしても、海外に移住し「外国人」として生活することそのものが、リスクを内包するからだ。

本章では、海外へ移住しても帰国を余儀なくされるケース、永住権の取得前や取得後に起こり得る課題、帰国したくてもできなくなってしまうケースなど、海外移住が内包するリスクや影の部分について論じていく。

永住権を「持つ者」と「持たざる者」の格差

海外に移住した日本人にとって、最も大きな課題となるのが、移住先における滞在許可だ。移住した国が気に入っていても、永住権を取らない限り、ビザを更新し続けることが必要になる。だが、後述するように、必ずビザが更新されるという保証はない。

もちろん、すべての移住者が永住を望んでいるわけではなく、移住コンサルタントらによれば、「永住権については、住んでみてから検討する」「永住権は、死ぬまでそこに住み続ける決意をしたら取るもの」と考える人々もいるという。実際、海外にいる日本人の中には、企業の駐在員のように自発的に移住したのではない人々や、ワーキングホリデーや留学、海外ロングステイの制度を使って、一定期間だけ海外に住む人たちのほうが多い。その意味でも、永住権は「取らなくてはならないもの」ではない。しかし、永住権を持たずに長期間にわたって住み続ける場合には、多くのデメリットやリスクが生じてくる。

社会学の分野では、永住権を持つ外国人は「デニズン（永住市民）」と呼ばれ、国民と全く同じではないが、それに近い経済的・社会的権利を付与される存在と理解されている。[*1] 一方、永住権を持たない外国人の権利は制限されている国が多い。特に、1990年代以降、永住者以外の外国人を様々な制度から除外する国が増えてきた。日本人に人気のある移住先では、永住権を「持つ者」と「持たざる者」の間で、権利や社会サービスの格差が大きい。

例えば、豪州やシンガポールなどでは、永住者以外の外国人は公的な医療保険制度の対象とならないため、割高な民間の保険に頼るしかない。日本が、3ヵ月以上滞在して住民登録をした外国人に国民健康保険への加入を義務づけているのとは対照的だ。欧州は、制度的にはその中間にあり、半年以上滞在する者に公的医療保険への加入を義務づける国、民間医療保険か公的医療保険かを選べる移住者と、収入が一定レベル以下で公的医療保険にしか加入できない移住者が混在する国もある。

児童手当や保育料の補助も、日本では住民登録している外国人全員が給付を受けられるが、海外では必ずしもそうではない。欧州では一般的に就労ビザがあれば給付される国が多いが、収入要件がある国もある。豪州やニュージーランドでは、一部の例外を除き永住権が必須で、後者には収入要件もある。国によっては、永住権を持たない外国人には、公営住宅への入居の権利も与えられず、不動産を取得するにもハンディを負うことがある。

また、公的な老齢年金制度や政府が管理する中央積立基金などへの加入資格も、国民と永住外国人のみに限られている国々がある。

コロナ禍で露わになったリスク

コロナ禍では、永住権の有無が政府による扱いに大きく影響した。日本では住民登録をしている外国人全員がコロナ給付金やその他の支援を政府から受け取ることができた。だが、他の多くの国や地域では、永住権を持たない外国人には給付金が支給されなかったり、支給されても時期が大幅に遅れたりした。例えば豪州では、非永住外国人が雇用関連の給付金を受給できたのは、コロナ禍が始まって1年以上経ってからであった。それまでにはすでに多くの非永住外国人が経済的に困窮し、帰国を余儀なくされていた。

近年増えてきたデジタルノマド・ビザで働く外国人も、多くの国で社会保障制度などのセーフティネットから除外されている。また、こうしたビザは、短期間しか滞在しない人には便利だが、そうでない人にとっては不安定性が高い。あくまで一時的な居住と事業が許可されるのみで、移住先の企業に就職することができないからだ。日本から請け負っていた仕事が減ったり、契約が更新されなかったりした場合には、経済的に行き詰まってしまう可能性がある。

長期の就労ビザを得た人々も、外国人として働く限り、どの国に行っても国民や永住者と比べて立場は弱い。自分の思い描いていたようにキャリア・アップや収入増が実現できない可能性があるのはもちろんのこと、様々な事情で日本への帰国を余儀なくされる人々も多い。

特にコロナ禍の最中には、実際に多くの日本人が職を失い、帰国を強いられた。突然の帰国は移住者本人にとっても辛いが、家族がいる場合は、子どもにとっても学校への転入や、急激な学習・生活環境の変化への適応など大変なプロセスになる可能性もある。

このような不安定性に気づいた人々の多くは、比較的早い段階で永住権を取得するための準備を始める。だが、それによって新たな課題も生じる。当然のことながらすべてが当初の計画どおりになるとは限らない。移住者たちは海外移住という選択をしたことによって生じる新たなリスクや課題に向き合っている。

次章で論じるように、海外へ移住すること、またその後に帰国することは決してマイナスにはならない。海外に出たことで得た経験や知識、スキルを日本社会に還元できるという意味で、日本にとっても本人にとってもプラス面は大きい。だが、海外移住を考える多くの人々にとって、移住前には気づきにくいデメリットやリスクも多い。では、多くの移住者たちにとって想定外だった課題にはどのようなものがあるのだろうか。

急な政策変更に翻弄される永住計画

移住者たちにとって、最も想定外となる課題は滞在国の急な政策変更だ。多くの国が、労働力の需給状況や国内の世論、政治的状況などによって、受け入れ職種やビザの発給要件を頻繁に変更する。現在、就労ビザが下りている職種でも、あるとき、突然更新を拒否されて、帰国を余儀なくされる可能性があるのだ。外国人の同僚が急に解雇されたり、帰国を余儀なくされたりしたとき、初めて自分の立場の脆弱《ぜいじゃく》さを実感したという人もいる。

永住権の取得に関しても同様だ。留学して学位や資格を取ったり、あるいはすでに就労ビザを持っていたりしても、永住権の申請資格を得る前に、自分の職種が申請可能な職種リストから外されてしまうこともある。ある30代の男性は、永住を視野に家族と豪州に移住しようとしたが、永住権申請が可能な職業リストに自分の職業が入っていないと知り、留学ビザで渡航した。専門学校に入学して、永住権申請が可能な歯科技工士の資格を取得するためだ。しかし、無事に卒業し、資格を得て喜んだのも束の間、永住権申請の直前になって、何と歯科技工士が職種リストから外されてしまった。その後、紆余曲折《うよきょくせつ》を経て、最終的に永住権を得ることができたが、長期にわたって心労の多い日々を過ごすことを余儀なくされた。

また、別の女性は、豪州の専門学校で調理師免許を取って無事に永住権を取得したが、翌年に調理師が職業リストから外れてしまい、同じ学校の後輩や友人たちは皆、永住をあきらめ、帰国を余儀なくされたという。永住するために高額な費用とエネルギーをかけて留学しても、突然のビザ要件の変更でこのように人生を狂わされることは、残念ながらどの国でも起こり得る。

富裕層であっても、海外において安泰な生活を送り続けられるとは限らない。ビザの更新は必ずしも保証されておらず、要件も変更が続くため、自分の経済的な状況の変化や政府の政策次第では更新ができなくなる可能性もある。富裕層でさえも外国人である限り、自分の滞在期間を完全にコントロールすることはできず、移住先の政府の意向に振り回されてしまうのが現実だ。

こうした状況を知った人々の多くは、カナダや豪州など、入国前に永住ビザを取得できるスキームがある国への移住を検討する。専門職に就いている人に限られるが、ある移住コンサルタントは、申請可能なクライアントにはこのスキームで移住することを勧めているという。移住後に永住権を取得することは難しく、それまでのプロセスが不安定だからだ。ワーキングホリデー・ビザや留学生ビザで入国し、仕事を見つけ、就労ビザを得られる人々もいるが、語学のハードルもあり、永住権の取得にたどりつくまでには長い時間と経済的困難やストレスを伴うのが現状だ。

悪徳業者の存在

雇用主の中には、「身元保証人として永住ビザの申請をサポートする」と約束し、それを盾に低賃金で働かせながら、結局、約束を反故《ほご》にしてしまうような人も残念ながら存在する。

筆者がインタビューした中にもそうした被害を受けた若者がおり、結局新たなスポンサーが見つからないまま、就労ビザの期限を迎え、帰国を余儀なくされてしまった。

また、移住したことで人身取引の被害者となってしまうケースもある。筆者自身が直接救済に関わったケースだが、米国の大学を卒業後、「就労ビザを出す」という雇用主に騙され、拘束された状態で働かされてしまった日本人女性がいる。最終的に、米国政府から人身取引の被害者として認定され、永住権申請が可能なビザを取得することができたが、5年以上の長きにわたり、身体的にも精神的にも厳しい状況に置かれ、家族とも連絡がとれず、帰国することもできなかった。

こうしたケースはもちろん稀ではあるが、「就労ビザ」や「永住ビザ」の申請をサポートするという甘言で外国人を騙す悪徳業者はいる。特に最近では、SNS上でグループを運営していたり、海外移住や起業のサポートを謳う会社が増えているが、実際に調べてみるとプロフィールの情報を詐称していたり、「経営している」と称している会社が実際には存在しなかったりするケースもある。海外移住や起業を情報商材ビジネスの一部として利用し、中には悪用している人もいるようだと警鐘を鳴らす移住者もいた。

日本人でも外国人でも、海外に移住したい人々を騙して利益を得ようとする人たちはいる。SNSやYouTubeなどの情報を安易に信じすぎることなく、本当に信頼に足る情報かどうか、また就職先の雇用主についても、自分自身で慎重に調べる必要がある。

「永住」が保証されない永住権

長い努力と忍耐の末、無事に永住権を取得できたとしても、未来永劫《えいごう》、安定が約束されるというわけではない。前述のように永住ビザは国によって要件が異なり、不安定さが残るからだ。ここが日本における「永住者」という在留資格とは異なる点だ。日本では、永住者の在留期限や活動範囲に制限がなく、海外に出るときに再入国許可を申請して、有効期限内（5年）に一時帰国することや、在留カード（有効期間7年）の更新を日本で行うこと以外に条件はない。特に問題がない限り、ずっと日本に住み続けられ、長期にわたって海外に住むことも可能だ。

しかし、海外の多くの国は、永住者に様々な要件を課している。例えば、カナダと豪州は5年のうち2年以上の居住を義務づけており、条件が満たされなければ永住権を喪失する可能性がある。また、シンガポールの場合、永住者の再入国許可は通常5年ごとに更新が必要で、その際には審査がある。言い換えれば、「永住権」を取得しても、国によっては、永久に住み続けられるという保証はないのだ。ある移住コンサルタントによれば、政府がこうした要件を課すのは「永住する」ということに対しての移住者側のコミットメントを国として確認し、国の税金が使われる対象である永住外国人をしっかりモニターしたいという背景があるからだという。

永住権を持つ外国人が得られるメリットは、持たない外国人よりは多いものの、国民と全く同じではない。武田里子《たけださとこ》氏の研究にによれば、日本人が外国籍を取得する理由として、就労機会や昇進、社会保障、税制、教育（授業料の減免、教育ローン）などにおいて「便益の大きな差異」がある。多くの国で、永住者には国政レベルでの選挙権や被選挙権が認められないなど、「外国人」であり続ける限り、国民と同じ権利を享受することはできないのだ。*2

欧米で起こっている政治の右傾化による反移民の動きも、永住外国人として生活する日本人にとっては不安の種だ。武田氏は外国籍の取得を検討している複数の日本人の声を拾い上げているが、その中には、欧州で右翼政権が台頭していることで、「国籍をもたないままここに居住することには、大きな不安を感じている」というスウェーデン在住の男性や、「選挙で中央政権が極右になった場合、外国人排除が考えられ」、これまで築いてきたビジネスへの影響を危惧しているというスペイン在住女性のコメントがあった。また、英国在住の女性は、「永住日本人のように市民権を取得せずに長期在住するケースは例外的なため、イギリスの制度内でも不利で不便な立場におかれ続ける稀な存在になっているし、いつ、更に法律が変わって放り出されないとも限らない」と不安を吐露していた。*3

国籍離脱がもたらすジレンマ

こうした不安や、外国人でいることによって被るデメリットの大きさなど、様々な理由で、外国籍を取得する日本人がいる。しかし、日本の国籍法第11条1項によれば、「日本国民は、自己の志望によって外国の国籍を取得したときは、日本の国籍を失う」。日本では、国際結婚をした親を持つ子どもで20歳未満といった少数の例外を除いて、複数国籍を持つことが認められていない。

日本人としてのアイデンティティを保持するために国籍を持ち続けたい人々にとっては、国籍離脱は大きな心理的な痛みを伴う。だが、居住国の制度によっては、親族の事情などを優先して、やむを得ず国籍離脱を選択する人もいる。例えば、米国のように、親を呼び寄せたい外国人に対して米国籍の取得を義務づける国もあるからだ。その場合、親を呼び寄せるためには、日本国籍を保持したくても放棄せざるを得ない。

また、国籍離脱をせずに、永住者として海外に居住する場合、居住国外に滞在できる期間が制約される国が多い。そのため、居住国のルールによっては、日本にいる親を日本において長期で介護することが難しい場合がある。日本国籍を保持し続けたまま、親の介護のために長期にわたって日本に滞在すると、居住国の永住権を失ってしまい、自分自身の家族との生活にも支障が出てしまう。

外国籍を取得した後に親の介護で長期帰国する際は、「日本人の配偶者等」（「等」には子も含まれる）の在留資格を取らなければならないが、親が申請書に記入をする必要がある。だが、認知症などのため、親がそうした書類に記入ができない場合もある。

前出の武田氏によれば、日本の介護サービスは家族の存在を前提に設計されているため、家族が不在だと利用に制約が生じることもあるという。移住者が日本国籍を失うことなく、居住国の国籍を取得できれば、介護に伴う永住権の失効を気にする必要なく、親の介護が可能になると論じている。

居住国の永住権や国籍を取得した人たちにとって、その放棄や国籍離脱が簡単ではない場合もある。各国政府が富の海外流出を抑えようとしているためだ。米国の場合、国籍を離脱する人だけではなく、過去15年間で、8年以上保持していた永住権を放棄する人に対しても、「国籍離脱税」が課される。これは、国籍・永住権を放棄する前日に全所有資産を時価で売却したものとみなし、そのみなし売却益（キャピタルゲイン）に課税される制度で30％の源泉徴収税の対象となる。*4 一定の控除枠はあるが、米国内だけではなく、日本を含むすべての国・地域に保有する財産・資産に対しての課税であり、年金保険なども含むため、経済的なインパクトは大きい。近年の不動産価格の高騰から考えると、家を売って日本に帰国する場合には、控除枠を超える可能性が高く、深刻な経済的影響を受ける人もいる。

物価の高騰と生活水準

物価や家賃の高騰も、海外に住む多くの日本人の生活に影を落としつつある。ここ10年間ほどで各国の物価や家賃、不動産価格などが大きく上がっているからだ。今後、先進国に移住する場合、富裕層でないと家を買うことも難しい。例えば、カナダのバンクーバーでは、2023年7月の平均不動産価格は121万7700カナダドル[*5]（約1億3300万円）で、不動産取得に必要な平均年収額は25万カナダドル[*6]（約2700万円）だった。地元の人々でも、物価高騰で地方に引越す人が多い状況のため、ある移住者は「このまま普通に働いて過ごしていけるのかという不安がある」と語っていた。

移住コンサルタントも、就労ビザや永住ビザが取れた高所得の技術者たちでさえ、全体の1割から2割が日本に帰国していると述べた。

「［帰国する理由は］99％、物価・家賃ですね。（中略）こちらだと子どもが二人いて、男の子と女の子だったら［法律上］別々の部屋を与えなくてはいけないのです。そうすると、普通のご家庭で寝室が三つ必要になります。バンクーバー市内で考えると［家賃は］もう軽く4000〜5000ドル（約40〜50万円）かかるのです。ですから今、帰国を検討されている方々というのは、ほとんど家族連れですね」

日本人移住者の全体的な経済状況も、必ずしも良好とは言えない。2022年にカナダ統計局がまとめた報告書（2016年国勢調査データにもとづく）によれば、日本人および日本にルーツを持つ人々の世帯年収（中央値）は7万2000カナダドルと、全世帯の値（8万2110カナダドル）より12・3％低く、貧困ライン以下の収入で暮らしている人の割合は全国平均（12・9％）を上回る16・1％であった。[7][8]

豪州の2021年の調査データでも、日本出生者の収入（中央値）は全国の値より16・1％低く、海外出生者全体の値と比べても13・9％低かった。家族世帯の収入は月収換算で8480豪ドル（約82万円）[9]と、全国の中央値とほぼ一致する。日本出生者の教育レベルは高く、大学・大学院卒の割合が45・2％と、全国平均の26・3％を大きく上回っているが、豪州全体から見ると、収入はそれほど高くないことが分かる。

米国のデータ（2019年）では、日本人移住者の世帯年収の中央値は7万米ドルで、全国レベルの6万9000米ドルとほぼ同じだったが、アジア人の中央値（8万6000米ドル）を大幅に下回っていた。[10]

こうしたデータから、富裕層を除くと、日本人移住者は移住先で必ずしも裕福な生活を送っているわけではないことが分かる。物価や家賃の高騰の影響を受けながら、つつましく暮らしている姿が、その平均像として浮かび上がってくる。

医療問題

海外へ移住する日本人にとって最も大きな課題の一つとなるのが医療である。日本のように、高水準の医療サービスを迅速かつ比較的安価に受けられる国は稀だからだ。日本語以外の言葉で体調や病状を医師に説明したり、治療を受けたりすることも、日本で生まれ育った多くの日本人にとっては負担が大きい。

前項で述べたように、日本では永住権を持たない外国人が3ヵ月以上滞在して住民登録を行った場合には国民健康保険に加入でき、日本人と同じ医療サービスを受けることができるが、海外では必ずしもそうではない。例えば、豪州では永住権を持たない外国人居住者に対して民間医療保険への加入が義務づけられ、移民局が確認を行ってからビザが発行されるが、ワーキングホリデー・ビザ申請者には加入をチェックする仕組みがない。そのため無保険で渡航する若者も少なくなく、現地で事故にあい高額な医療費を請求される状況に直面するといった問題も起こっている。

英国やオランダやドイツなど欧州諸国では、一定の条件を満たせば永住権を持たない外国人でも公的保険に入れるが、必要な医療サービスを受けるまでに時間がかかることは少なくない。実際に英国で就労していた日本人は、以下のように述べた。

「日本のドクターに診てもらったほうが安心ですし、治療も早いです。イギリスにいたときに熱が出たので、仕事帰りに病院に行ったことがあったのですが、［医療費が］無料なので、混んでいました。待っている人たちが多すぎて、結局、終電まで待っても診てもらえなかったので帰りました。4時間、5時間待ちましたよ。日本ではそういうことはないですよね」

カナダでも状況は厳しい。2013年の調査によれば、具合が悪くなった当日か翌日に近隣のクリニックで予約を取れたと答えた人々は全体の41％にすぎなかった。[*11] 2022年の別の調査では、クリニックから紹介された専門医に診てもらい治療を始めるまでにかかった時間は平均27・4週間、脳外科の治療を受ける場合は平均58・9週間、つまり1年以上だ。[*12] アルバータ州ではMRI検査を受けるだけでも半年以上待たされる。カナダは総じて実際に治療に至るまでのプロセスが長く、不安を感じるという移住者たちの声もある。

差別という壁

第3章では、ジェンダー的要因が女性の海外移住の一つの要素となっていることを論じた。だが、海外に行けばジェンダー不平等が全くなくなるというわけではない。世界146ヵ国の経済、政治、教育、健康の四分野における男女のギャップを計測した結果をまとめた世界経済フォーラムのジェンダー・ギャップ報告書も、完全に男女平等という国は、まだどこにもないことを示している。[*13]

ジェンダー・ギャップ・ランキングで先進国として最下位、2023年は146ヵ国中125位だった日本にいるよりも、もっと上位の国に移住したいと考える女性たちがいることは理解できる。ただ、外国人として海外で仕事を見つけることは実際には簡単ではなく、移住先で日系企業に就職する女性移住者は多い。こうした職場では、「女性の置かれた立場は、日本にいたときとあまり変わらなかった」と言う人々もいた。

日系ではない現地企業で働いている女性たちのほとんどは、日本にいたときと比べて状況が改善したと答えていたが、人種差別や外国人差別に直面する人々もいる。米国、英国、カナダ、豪州を含む多くの国々で、アジア系住民に対する差別は根強くある。豪州における研究[*14]では、84％のアジア系住民が差別を受けたことがあると回答している。コロナ禍では特に状況が悪化した。米国では1万9005件[*15]、カナダでは835件[*16]、豪州では541件[*17]の差別事件が報告されたが、これは氷山の一角と言われている。筆者による豪州の大学におけるアジア系教員を対象とした調査でも、58・6％が「移民であることが、仕事の上で負の影響を及ぼしている」と回答し、その回答は特に女性で高く67・9％にものぼった。[*18] 移民であることと、女性であることで、キャリア・アップをすることが難しい状況が浮かび上がった。

あるカナダ在住の女性移住者は、比較的ジェンダー平等が進んでいると思われる公的機関に勤めているが、男女差別はないものの、欧州系の白人であるか否かや、英語と並ぶ公用語であるフランス語が堪能か否かの点で、昇進面などで歴然とした差別があると述べていた。

また、海外に永住する日本人の中には国際結婚をしている女性が多いと考えられることはすでに述べたが、パートナーである外国人男性が伝統的なジェンダー規範を持っている場合、暴力の対象になりやすいという指摘もある。*19 実際、非営利団体や在外公館によれば、国際結婚した日本人女性が海外でDVの被害を受けているケースは確実にある。この問題はコロナ前から存在しており、国際離婚の原因の一つとされていた。コロナ禍の最中は、日本を含む多くの国々でDVが頻発し、国連のグテレス事務総長が警告を発したことは記憶に新しいが、筆者が住む豪州でもコロナ禍中にDV被害にあう日本人女性が増加し、在外公館から注意喚起や被害にあった場合の対処に関するメールが在留邦人宛に送付された。

国際結婚の破綻とハーグ条約

移住した後、帰国したくても帰国できない日本人も出てきている。DV被害者の女性たちはその一例だ。海外における日本人と外国人配偶者の離婚に関する詳細なデータは公表されていないが、バブル経済の崩壊後、海外における日本人女性の国際結婚が増加するに伴い、

DVなどによる別居や離婚も増えたと推測する研究者もいる。しかし、DVが理由で日本に帰国したくても、子どもと一緒に帰国することは難しい場合が少なくない。ハーグ条約がその理由の一つだ。

1980年に採択されたハーグ条約は「一方の親の同意なく子どもを元の居住国から出国させること」や、「一方の親の同意を得て一時帰国後、約束の期限を過ぎても子どもを元の居住国に戻さないこと」をめぐる紛争に対応するための国際的な枠組みとして、「子どもを元の居住国に返還するための手続や国境を越えた親子の面会交流の実現のための締約国間の協力等について定めた条約」である。[*20]

日本は2014年にこの条約を批准したのだが、仮にDVが理由で子どもと日本に帰国した場合でも、配偶者の同意がなければ「子の不法な連れ去り」とみなされる。離婚しても、子どもを連れて日本に帰国するには、元配偶者の同意が必須になった。元配偶者から日本政府に申し立てが行われるケースもあり、2014年から2023年の間に外国から子どもを返還するよう申し立てがあった件数は203件に及ぶ。[*21] こうした状況があるため、仮に離婚後に子どもと一緒に住むことができても、元配偶者が子どもを日本に住まわせることに同意しない場合は、移住先の国に留まらなければならないのだ。

海外におけるキャリア・アップの難しさ

海外への転職によって、キャリア・アップを叶えた移住者たちは多いが、すべての日本人が移住によってキャリア面でのメリットを得られるわけではない。例えば、リーマンショック後には不景気や派遣切りなどで、経済成長が著しかった中国へ雇用を求めて渡航する日本人の若者が増えたが、移住後に様々な課題に直面した人々も多かった。

2012年に放送された「サヨナラニッポン～若者たちが消えてゆく国」という番組では、日系企業のコールセンターなどに勤務しながら中国の高級マンションで快適な生活を送る者もいる一方で、帰国して生活を立て直せるだけの貯金ができない人や、中国で専門性の低い仕事に就いていたことで、日本での再就職やキャリア・アップが難しいと感じる人々が描かれていた。

川嶋久美子《かわしまくみこ》氏も、2012年から2015年にかけて中国で働く日本人の若者について研究し、階層の下降移動と中国での長期的なキャリア形成の難しさを指摘した。[*22] 若者の多くは、中国でホワイトカラー職に就けてはいたものの、日本にいたときより給与は下がり、長期的なキャリア・アップに困難を抱えていた。こうした研究やドキュメンタリーから浮かび上がっていたのは、キャリアの袋小路に陥って苦悩する若者たちの姿だった。

現在では、中国の経済構造が大きく変わり、物価や家賃も高騰している。日系企業のコールセンターなどの職も激減した。日本人にとって、中国で仕事を維持し、キャリア・アップしていくことは以前よりも難しくなりつつある。

中国広東省深圳《しんせん》市で海外転職をサポートする渡辺将法《わたなべまさのり》氏によれば、現在の中国では、日系企業の採用でも、スキルや専門性、日常会話レベルの中国語が求められ、以前のように日本で非正規職に就いていた人々が採用されるケースはかなり限られているという。また、中国の雇用慣習として、正社員でも最初の数年間は有期雇用の更新となっており、契約満了や解雇も珍しくなく、生き残りは厳しい。だが、それでもキャリア・アップをめざして挑戦する人々はいるという。

現在では、中国の賃金高騰を背景に、ビジネス・プロセス・アウトソーシング（BPO）企業は東南アジアにシフトしている。そのため、前章でも述べたように、マレーシアやタイでコールセンターのオペレーター職や営業、マーケティングの分野で働く日本人が増えている。営業などで成果を出し、収入アップに成功する人々もいるが、必ずしもバラ色なケースばかりではない。ある海外転職コンサルタントによれば、採用は増えているが、日本語で仕事をするポジションでも、最近は現地スタッフと基本的なコミュニケーションがとれる程度の語学力を求める企業が少しずつ増えており、ハードルが上がりつつあるという。別のコンサルタントも、コールセンターでの仕事は夜勤シフトがある職場も多く、日本の顧客への対応に関してもストレスが大きいと指摘する。また、大手グローバル企業でも日系企業でも、評価はシビアで、契約の更新ができずに1年で帰国を余儀なくされるケースもあるようだ。

タイのコールセンターで働く日本人を取材したジャーナリストの水谷竹秀《みずたにたけひで》氏は、非正規労働者として転職を繰り返してきた人々が多いと述べる。[*23] 全体の年代は、30代が中心だが、それより上の世代もおり、語学力をつけて、より給与の高い仕事に転職したり起業したりする人々もいる。だが、中には困窮しているケースもあるという。

年金という陥穽

老後を見据えた資金計画も課題だ。多くの若者が年金制度について調べることなく海外に渡航しているが、国によっては外国人が公的年金制度から除外されていたり、加入できても国民と比べて享受できるメリットが少なかったりする。例えばマレーシアの場合、「従業員積立基金」という年金制度があるが、外国人従業員のために雇用主が拠出を義務づけられている保険料は、毎月わずか5リンギット（約160円）のみだ。マレーシア人従業員には給与額の4％～13・0％の拠出となっているのとは対照的だ。[*24] 外国人の加入は任意だが、加入しない場合は民間の年金保険に入るか、貯蓄のみで老後資金を貯めなければならず、老後に向けた資産形成における負担は大きい。ある移住コンサルタントによれば、日本の厚生年金に加入していることの経済的なメリットに気づき、数年でマレーシアなどのアジア諸国から帰国する人々もいるという。

また、マレーシアも含め、日本と社会保障協定がなく、居住国で年金を納めた期間が、日本に帰国しても換算されない国や、国外での年金受給を認めない国もあり、実際に経済的な損失が生じる可能性についても注意が必要だ。

自分の夢を叶えるため、あるいは環境を変えるために、心機一転、海外に出ることは、新しい学びや得られることも多い。一方で、十分な計画を立てておかなければ、長期的なキャリア・アップや、退職後に必要な資産形成といった面で、課題に直面してしまう可能性もある。

退職移住のリスク

より豊かな老後を過ごそうと物価の安い国に移住した人々も、その後の生活にはリスクを抱えている。移住先の国の政策変更によって、人生の計画に変更を余儀なくされる可能性があるからだ。前章でも述べたように、日本人退職者に人気があった移住先の中には、退職者の永住ビザの発給を廃止したり、要件を厳格化したりした国も多い。すでにビザを保有している人々は、要件を満たさなくても更新ができる国もあるが、今後どうなるかは不透明だ。

長期滞在ビザの要件が緩い国々もまだあるが、今後の政策変更による不安定要素は残る。これまで多くの日本人退職者が抱いてきた「長期滞在ビザを更新し続けることによる永住」が難しくなってきたことや、円安の加速で、これから海外に「終の住処《すみか》」を求める退職者の数は減っていくかもしれない。

制度的な保護も大きな課題だ。日本の住民票から外れて何年も過ごす場合には、移住先の国の制度によって様々な影響を受けることになる。先進諸国では、永住権を得られれば、現地の福祉制度による恩恵を受けられるが、マレーシアやタイなどの新興国では、永住権の取得が難しく、公的扶助制度も極めて限定的だ。

老後の生活に必要な日本の年金を海外で受け取ることは可能だが、日本に住民票のない海外在住者は、国民健康保険や介護保険、海外療養費還付制度、生活保護などを利用することはできない。

退職移住した在留邦人の高齢化は、確実に進んでおり、こうした制度から外れてしまった人々は種々の課題に直面している。物価高、医療保険制度や高齢者施設、在宅介護の制約といった構造的な要因で、帰国を余儀なくされる人々も増えているという指摘もある。*25 特に、円安の加速で、東南アジアでさえも退職者が日本の年金で生活を送ることが難しくなりつつあるのだ。

しかし、高齢の移住者たちの中には、日本に帰らない決断をする人や、帰れない人もいる。タイにおける日本人退職者コミュニティの調査を行った西村菜穂子《にしむらなほこ》氏によれば、チェンマイやその近隣県では80歳以上の高齢者の死亡が増加している。中には裕福な人々もいるが、海外で長く生活していたために帰国しても親族を頼りにくい、あるいは頼れないと感じている人もいるという。移住前から家族との折り合いが悪く、居場所を失っていた人もいる。[*26]

外務省の『海外邦人援護統計』によれば、海外で在外公館が保護した日本人困窮者は2019年には377人にのぼり、その72・7％がアジア地域に集中している。[*27] 2021年にはコロナ禍もあり減少したが、それでも年齢不明者を除くと、全体の約4割がアジア地域で保護された60代以上の日本人だ。[*28] 頼れる親族がいても、迷惑をかけたくない、あるいは長い間海外に住んだことに対する非難や謝罪を逃れたいなどの理由から、帰国しない人々もいる。貧困を自己責任と捉え、自己決定の結果を負おうとする姿であると西村氏は指摘する。[*29]

人生の最終ステージをどこで過ごすか

退職移住の高齢者だけでなく、若くして海外へ移住した人々の中にも、いずれ日本に戻るのか、戻るとすればいつ戻るのか、どこで引退生活を送るのかについて決めかねている人は多い。移住先での失職や、配偶者の転職、親の介護などの理由で帰国する人も少なくない。

何十年も海外に住み、退職した後に日本に帰国する人々もいる。豪州の引越会社に勤務していた移住者によれば、引退後に家を売って日本に帰国する人々や、しばらく二拠点生活を送りつつも、結局は日本を生活のメインにするべく帰国することを決めた人々もおり、こうしたケースの引越しを扱うことが少なくなかったという。

老後の課題は、特に女性について顕著である。前出の武田氏は、2018年の「国籍はく奪違憲訴訟・国籍法11条1項違憲訴訟」の原告弁護団が海外在住日本人に対して実施したアンケート調査のデータを分析した。その結果、外国籍を取得した回答者の8割が女性で、配偶者が先立った後の永住権の維持と、遺族年金の受給資格についての不安を記した回答が多かった。[*30]

海外移住者にとって、親の介護や自分の老後は、大きな課題だ。筆者がインタビューした日本人移住者たちの多くが、海外に拠点を置きつつ、日本と海外を往復しながら生活することを希望していたが、親の介護が必要になった時点で帰国を検討すると回答した人々もいた。50代ですでに帰国のプランを立てていた人もいる。ある日本人経営者は、「バイリンガルでも高齢になるにつれて母語に回帰していき、後天的に習得した言語(英語)が徐々に失われていく場合がある」という情報を目にし、自分がいずれ英語で仕事ができなくなるときに備えて、日本で事業を始めた。現在はスタッフに経営を任せているが、いずれは帰国して日本での事業の経営のみに注力する予定だという。それぞれの人が、それぞれの海外経験を活かしつつ、人生の最終ステージの場所と過ごし方について考えている。

＊

第2章から第6章まで、日本人の海外移住の志向性と、移住先の選択、また移住後の課題について、主に移住者個人の視点を中心にして論じてきた。先進国や新興国における様々なプル要因と、日本におけるプッシュ要因がある限り、今後も日本人の海外移住は続くだろう。こうした状況をどのように考えていくべきなのだろうか。次章では、日本人の海外移住を、日本社会全体としてどう捉えるべきかについて論じていく。

第7章　日本の未来と政策の選択肢——誰もが住み続けたい日本へ

日本は、現在でも経済大国である。先進国の中で相対的に賃金が低くなったとはいえ、引き続き生活の質は高い。生活の質や経済、文化などの指標にもとづいて米国大手メディアが発表した「世界のベスト国」ランキングによると、日本は87ヵ国中、第6位だ。[*1] 日本は世界的に見て、まだまだ住みやすい国であり、海外に出た日本人の多くが日本の良さを再認識する。日本の未来が暗いと断定することには慎重であるべきだろう。

本章では、これまでの分析も踏まえつつ、海外移住の多様な側面を総括し、同じような課題を抱える国々が、どのように対応してきたのかについて紹介する。特に、多くの国々がとっている「海外にいる自国民とその家族や子孫」（ディアスポラ）と積極的に関与していく「ディアスポラ戦略」から学べる点は多い。また最近では、「自国と関係の深い海外の人々」（アフィニティ・ディアスポラ）とのネットワーキングや関係構築を戦略として進める国や地域も出てきた。こうした戦略の持つ可能性について論じつつ、日本のとるべき道を探っていきたい。

海外移住者が増えるメリット

人が海外に出て行くことには、多くのプラス面がある。夢を追って海外に渡り、能力や才能を開花させることができること、そして自分が生きやすいと思える社会で暮らせることは、誰にとっても幸せだろう。実際、海外で永住している人や居住国に帰化した人が、ノーベル賞を受賞したり、スポーツなど様々な分野で活躍したりしていることを、日本に住む多くの人々は喜びをもって受け入れている。

海外移住者が増えることは、日本社会にとってもメリットがある。例えば、日本にルーツがある人が居住国で活躍することは、日本のイメージ向上につながるだけではなく、日本とその国との関係もさらに深まる。また、移住者の定期的な帰国や情報発信は、出身コミュニティに海外の新しいトレンドや価値観、行動様式、社会資本などを伝え、ポジティブな社会

図 7-1●日本における海外送金の流出と流入

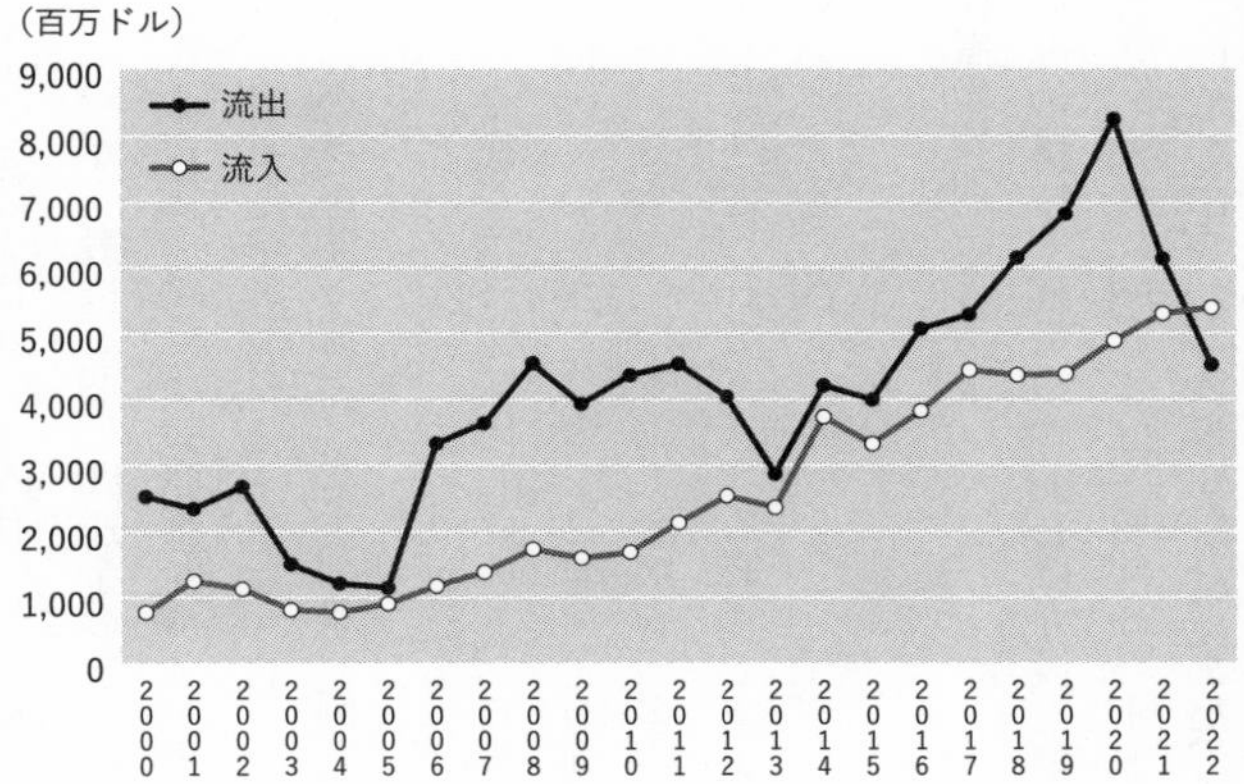

出典：世界銀行データバンク「個人送金（2023)」をもとに筆者作成

変容をもたらす。移住研究では、これを「社会的送金（social remittances）」と呼んでいる。[*2]

　海外移住者が増加することは、日本経済にとってもプラスになる側面がある。日本にいる親族に送金したり、日本にある自身の銀行口座に送金して商品やサービスを購入したりすることで、国際収支を向上させる効果があるからだ。世界銀行が国際通貨基金のデータをもとに発表した個人間送金の推移を見ると、２０００年から２０２２年にかけて、海外から日本への送金は７・７億米ドル（約１０９０億円）から53・８億米ドル（約７５９０億円）と7倍近くに増えた（**図７・1**）。このデータはあくまで個人間の送金を集計したものであり、必ずしも日本人からだけの送金ではなく、外国人からの送金も含まれる。だが一般に、個人間送金の主要部分は海外に住む自国民から母国への送金と考えられ、移民の母国への経済貢献度を測る指標として、多くの国際機関や政府で用いられている。

通常、移民を多く抱える先進国では、移民が母国に送る送金額（流出）が、海外に住む自国民からの送金額（流入）を上回る。例えば米国の場合、2022年の海外送金の流入額は74・3億米ドル（約1・1兆円）だったが、流出額は816・4億米ドル（約12・1兆円）で、11倍もの金額が国外に流出している。日本の場合は、2021年までは海外送金の流出が流入を上回っていたが、2022年にそれが逆転した。

これは、日本在住の外国人労働者の多くがコロナ禍で帰国したことで、海外への送金額が激減したことや、円安が大きな理由と考えられる。だが、海外在住の日本人からの送金が増えていることも一因だ。

帰国者の増加とメリット

海外への移住や就労への関心は今後も継続していくだろう。ただし、これまで概観してきたように、永住に関しては、要件のハードルが高くなってきたこともあり、どれだけ急激に増えていくかについては未知数だ。また、インフレによる物価や家賃の高騰、医療問題などで、これまでと比べて生活がしにくくなった海外の国が増えており、日本で暮らすことのメリットが再評価されていくかもしれない。むしろ、こうした理由から、今後、海外に移住した人々の帰国が増えていく可能性もある。

海外移住者たちが帰国することは、人材循環でもあり、個人にも社会にも多くのプラス面がある。帰国者をインタビューする中で目立ったのは、海外での経験がプラスに働き、日本で働くことや生活することの良さを再認識したという、非常にポジティブな声であった。自ら望んで帰国した場合も、夢破れて帰国した場合も、海外での生活によって「人生が豊かになった」「自分が成長できた」といった様々なメリットを指摘していた。

教育を目的に海外移住した後に帰国した人々も、プラスの面があったと振り返る。保護者ビザで豪州に移住していた女性は、「日本に住んでいたときは子育てがつらかったが、海外で生活したことで、日本のやり方だけが正しいわけではないと分かり、気持ちが楽になった」という。子どもの個性を理解し、のびのびと育ててくれる学校やコミュニティに恵まれたこともプラスだった。子どもも海外で生活し学んだことで得られたものが多く、「英語ができるようになったことは、子どもの自信につながった」と語る。

子育てに関しても、日本の良さを再認識した帰国者たちがいた。日本の保育施設は料金が安く、預けられる時間も長い。夏休みや冬休みといった長期休暇期間も対応が可能であり、欧米諸国の保育施設よりフレキシブルで、共働きの親にとってはプラスの面もある。さらに、日本の医療はレベルも高く、日本語が通じ、海外にいるときよりも安心だ。国にもよるが、主要先進国との比較では、日本のほうが家賃や物価が安いなど、生活面のメリットも大きい。

また、海外での職務経験や語学力が認められ、キャリア・アップや給与の大幅アップにつなげられた人々もいた。前出の後藤氏によれば、IT業界ではこの傾向が特に顕著であるという。カナダで永住権を取った後、帰国する日本人IT技術者が増えているが、これは帰国するメリットが大きいからだ。例えば、日本だけで働いていると、年齢や年次が重要視されるため、年収が500万円から1000万円に上がるまで、かなりの年数がかかる。だが、カナダのIT業界では大卒1、2年目のエンジニアの平均年収は800万円前後で、3、4年目で、1100〜1200万円にまで上がる場合もある。日本では前職の給与が重要視されるため、帰国して再就職する場合、カナダでの給与が勘案されてオファーが出される。日本国内だけで転職を繰り返すよりも、給与アップのスピードが非常に速まるのだという。さらに、帰国して起業する人々もいる。

IT業界以外の業種でも、筆者がインタビューした人々は皆、帰国後、海外で得た知識や経験、そしてネットワークを活かし、自らのキャリアを拓いている。特に「異文化環境で多様なバックグラウンドを持つ人々と仕事ができたことで、キャリアにプラスになった」という声は多かった。

海外在住時は、現地に広い人脈がないことから、仕事の担当や顧客が日本人や日系企業に限られ、キャリア的な行き詰まりを感じていた人々が、帰国により成功につなげられたという例もあった。今の日本では、高い語学力や、海外の資格や経験を評価してくれる企業が増えているからだ。豪州の永住権を捨てて帰国した女性は、まさに海外経験をステップに日本で大幅なキャリア・アップを果たし、「日本に帰国して本当に良かった」と語る。

ワーキングホリデー・ビザで渡航した若者たちに関しても、住居を見つけることに苦労し、最低賃金以下で働かされたり、劣悪な労働条件で働かされたりするケースは多いものの、良い雇用主に恵まれ、正規賃金を得ている人たちもいる。貯金ができ、充実した経験ができる人もいれば、滞在中に語学力をつけて、キャリア・アップする人もいる。海外経験という新しい選択肢を手にすることは、将来への希望にもつながる。

このように、海外に移住した後、日本に帰国する人々は多い。永住するつもりで海外に出てみて、日本の素晴らしさに気づき、帰国を決断する人々や、永住が果たせなくて帰国する人々、国際結婚がうまくいかずに帰国する人々もいる。

どのような理由にせよ、海外からの帰国者が増えることは、日本社会にとっても多様性や活力、イノベーションなど様々なメリットをもたらす。その多くが、海外で培った語学力や経験、そして自分が外国人だったときの視点を活かしたいと望んでいるからだ。日本に住む外国人を助けたり、外国人とともに地域の活動に参加したりと、日本の多文化共生や地域創生に貢献している帰国者たちは少なくない。日本における外国人の数が大きく増えている中で、異文化間コミュニケーション能力を身につけた帰国者たちの果たす懸け橋的な役割は大きい。今後も多様化が進んでいく日本社会にとって、こうした人々の重要性はますます拡大していくだろう。

富の流出？

海外永住者の増加については、否定的な議論もある。特に、富裕層が節税を目的に海外に向かっていることについては、批判もある。

これまで述べてきたように、世界では、資本の誘致のため、富裕層の獲得競争が起きており、日本からも富裕層と資本が流出している。ヘンリー&パートナーズ社は、日本から海外に移住する富裕層（100万米ドル以上の金融資産を持つ人々）の数は、2022年から2023年の1年間で、3倍に増えたと推定している。[*3]

筆者がインタビューした移住コンサルタントらも、日本国内で富裕層への増税が続いていることから、今後も日本人富裕層の海外移住は続くと予想する。前述のように日本では、2

015年には、50%だった相続税の最高税率が、世界最高水準の55%に上がり、所得税の最高税率も40%から45%に上がった。2017年には固定資産税が見直され、2024年からはマンションの相続税評価額が実勢価格の約6割に引き上げられた。筆者がインタビューした富裕層の移住者は、「大変な苦労をして蓄えた財産が、日本にいると相続税や贈与税で、三代でほぼ消えてしまう」と移住の理由を語った。「消える」ことがなくても、実際、祖父が遺した財産を孫が相続した時点で、約10分の1に減るケースはあるようだ。*4 特に、家族経営の中小企業にとっては、相続税や贈与税は事業活動の継続にも影響を及ぼしかねない課題となっている。

筆者がインタビューした識者の一部は、「税負担などの締め付けで、富裕層の海外永住が加速してしまうと、逆に日本経済にとってマイナスの影響が出てきてしまわないだろうか」と懸念していた。税制や社会保障を通じた富の再分配が、社会システムを維持していくために不可欠であることに議論の余地はない。だが、富裕層から税金を徴収することと、富裕層に居続けてもらうこととのバランスをどのようにとるのかは、どの国にとっても大きな課題だ。

欧州では、実際にこのジレンマに直面している。フランスは、2012年に所得税の最高税率を引き上げるとの発表をしたところ、富裕層の国外脱出が急増し、法案の修正を迫られた。[*5]スウェーデンも、富裕層の流出を防ぐために2004年に相続税を廃止した。富裕層の海外移住が進めば、国内消費や景気に悪影響を及ぼすため、国内に留まってもらうしかないという「苦悩の末の選択だった」という。[*6]

ノルウェーも同様に2014年に相続税を廃止したが、2022年に富裕税の税率を上げたところ、富裕層の流出が急増している。ノルウェー・ビジネス・スクール名誉教授のオル・ジェムス・オンスタッド氏によれば、これまで富裕層が海外に移動させた資産総額は540億米ドル（約8・2兆円）だという。このため、ノルウェー政府が見込んでいた税収は増えるどころか、逆に4割の減収が見込まれている。[*7]

経済格差の拡大もあり、日本では富裕層への増税は支持されている。富裕層を主な対象とした増税が決まった2013年に、日本経済新聞（電子版）がアンケート調査を行ったが、この増税について、回答者の62・9％が「妥当」と回答した。[*8]当時の記事は「日本人は欧米に比べて地理的にも言語的にもよその国に簡単に移住できない」ため、日本では他国と比べて富裕層増税がしやすいと論じた。しかし、前述したデータにもあるように、近年では日本人富裕層の海外移住は増えており、状況は変わりつつある。将来の増税のしかたによっては、欧州の事例のように、富裕層の流出で税収減になってしまう可能性もないわけではない。

法人税については、日本で国内企業の活力と国際競争力を維持する観点から、課税ベースを拡大しつつ、税率が引き下げられている。2016年度には地方税も含む実質的な租税負担を示す実効税率が20%台となり、2018年度には29・74%まで下げられた。*9 一方、世界の中には、シンガポールやUAE、マレーシアなど、これよりさらに低い国々は多く、またキャピタルゲイン税、相続税、贈与税などがゼロの国々もある中で、今後、富裕層の海外移住をある程度に抑えて税収を確保する手段について、より真剣な議論が必要になってくるだろう。

頭脳流出

静かに進んでいる「頭脳流出」（技術者や専門職、研究者が海外に永住すること）も懸念の一つだ。一般に、高等教育を受けた人が海外に永住することは、その人の母国が行った人的投資の収益を他国が得ることと考えられている。日本では私立の教育機関にも交付金という形で税金が投入されていることもあり、影響は国公立教育を受けた人々の流出によるものにとどまらない。日本人の技術者や専門人材の海外移住だけを捉えれば、頭脳流出について負の影響がないわけではない。

頭脳流出によるダメージを避けるため、日本においても海外に移住した日本人研究者などとの共同研究の促進などの努力が行われるようになってきた。だが、より積極的に専門人材、特に先端技術分野の研究者や技術者などを呼び戻す努力、いわゆる「頭脳循環政策」を進めている国々もある。例えば、中国は、海外移住者とその子孫（華僑・華人）からの投資が改革開放政策の初期に高度経済成長をもたらす大きな要因になったこともあり、早い時期から海外移住者の関与や帰還を推進する政策をとってきた。前述した「千人計画」は、基本的には外国人を含む高度人材の誘致政策だが、その多くが海外で永住あるいは帰化した中国人の研究者であると言われている。また、現在でも海外で博士号を取得した優秀な若手研究者に対して高額な給与や研究費を約束して帰国を促している。

さらに、地方行政区レベルでも海外に出た優秀な中国人の帰国を推進する施策をとっているところがある。広東省深圳市の「深圳孔雀計画」はその例だ。世界トップの大学で博士号を取得した若手研究者などを対象とした5年契約のプログラムでは、総額160万人民元（約3200万円）の奨励補助金が授与される。ノーベル賞をはじめとする学術賞を受賞したシニア研究者が対象のプログラムもあり、5年で総額300万人民元（約6000万円）の奨励補助金や子どもの教育費など、様々なインセンティブで帰国を奨励している。*10

イスラエルも頭脳流出が多く、2008年には100人の研究者のうち29人は米国に住むという統計もあった。*11 このため、2014年に「頭脳獲得プログラム（Brain Gain Program）」が創設され、帰国を希望する研究者への支援を行っている。*12 産業貿易省のチーフ・サイエンティストが担当し、海外に永住するイスラエル人研究者や技術者に求人情報や生活情報を提供したり、永住帰国を支援したりするなど、海外移住者とイスラエルの学界や産業界との橋渡しを行っている。2023年にはイスラエル政府は頭脳循環をさらに推進するため、今後5年間で1億2000万新シェケル（約46億5000万円）の予算を投じることを発表した。[*13]

複数国籍の経済効果

「複数国籍」（重国籍）を認めることで、海外移住者の帰還を促進している国々も多い。複数国籍を認めているのは、2020年時点で世界190ヵ国中148ヵ国[*14]と全体の78％に及ぶ。複数国籍を容認することによって、海外移住者の帰還や投資・起業が促進され、長期的な経済発展につながるという認識が、世界で広く共有されているからだ。

ある研究は、複数国籍を許可している国の海外移住者たちは、母国への送金額が多く、帰還する意思を持つ人の割合が高いことを示した。[*15] 他の研究では、この結果が支持されただけでなく、母国への投資にプラスの影響もあった。[*16]

複数国籍を認めることによって、海外にいる自国民の帰国や、外国人材の誘致、定住、社会統合が進むとも考えられている。

これまで国籍に関して保守的な政策をとっていたドイツも、2023年8月には複数国籍の容認に向けて舵を切ることを決めた。今後、国籍法を改正するための手続きを進め、EU加盟国の出身者のみに制限していた複数国籍の要件を撤廃し、すべての外国人が最短3年でドイツ国籍を取得できることをめざすという。フェーザー内務大臣は、この国籍法が「ビジネス拠点としてのドイツの競争力確保に重要なカギになる」と強調する。*17

複数国籍の内容は多様で、海外に移住した自国民にのみ認める国（32ヵ国）や、国内の外国人のみに認める国（23ヵ国）があるが、93ヵ国が制限をつけていない。*18 複数国籍を認めている国においても、議員に立候補するための資格など、公的ポジションに就く際には制約をつける国も多い。

日本が複数国籍を認めるか否かについては、経済的な側面以外にも様々な論点があり、当然ながら慎重な検討が必要となってくる。しかし、少なくとも、世界の潮流や経済的なメリットを精査し、議論の俎上《そじょう》に載せることは可能であろう。また、前章で論じたように、海外で暮らす日本人が、親の介護などに直面した際、二つの国の法律に挟まれてしまう形で、やむを得ず国籍離脱を選択せざるを得ない場合もある。複数国籍はこうした人々の救済にも大きく寄与し得る。

インドは、複数国籍を認めていないが、海外インド市民権（OCI）という制度を導入して、海外移住者の移動の自由度を高めている。元インド国民、そしてその家族や親族に対して、インド国民とほぼ同等の権利（参政権、農地購入、公職への就任などを除く）を付与し、帰国や投資・起業をしやすくしているのだ。

インドの制度は、「国民とほぼ同等の権利」を新たに付与するもので、同様の制度を日本に導入する場合には、国籍法に定める「複数国籍を認めない」という原則を変更する必要がない。また、「ほぼ同等の権利」をどの程度のものにするのかについても柔軟に検討が可能だ。少なくとも、複数国籍を認める場合と比べると、導入へのハードルは低いと言えるだろう。

複数国籍を認めるのか否か、あるいはインドのような中間的な仕組みを考えるのか否か、結論は別にして、国民的なオープンな議論を行うことに意義はあるだろう。

外国人の流入超は続くか

筆者は日本人の海外移住について、これまで研究者や日本政府関係者など、様々な立場の人々と意見交換を行ってきた。その中で、「日本から海外への永住者は増えているが、外国人がより多く入って来てくれているので、全体としては人口減を緩和できるだろう」という意見を耳にしてきた。確かに、第1章に挙げた**表1－1**にあるとおり、２００５年から２０

22年までをとると、日本人の海外移住による人口の減少数は52万1000人だが、外国人の流入による人口増加数は112万9000人と、減少数の2倍以上になっている。だが、外国人の流入も、少子高齢化に伴う全体の人口減少分を補うには至っていないのが現実だ。

また、技術やスキルの面についても、不安は残る。すでに2000年代には、他の先進国と日本との間で賃金格差が開いたことで、先進国から技術者や専門職の人々が日本に来る数は減少していたが、この状況は、今や新興国にも及びつつある。それらの国々における経済成長によって、日本との賃金格差が縮小していることや、円安の影響がその理由だ。日本で働くことで母国の何倍の賃金が得られるかを示す「出稼ぎ魅力度指数」は、2011年以降、大きく減少している。[*19] 特に、高度な知識や技術を持つ外国人を呼び込むためには、今後、一層の努力が必要になってくるだろう。

GDPや給与が低い国々では、まだ日本で働くことに経済的メリットを見出す人々が存在するが、トップ層は、より賃金の高い欧米や韓国、シンガポールなどに流れている。これから日本に来てくれる人々も、一定期間を過ぎれば、日本での経験をステップにして、より賃金の高い国に移住する可能性がある。

これまで筆者らは、今後、より多くの日本人高度人材が海外移住する可能性が高いということについて、論文などで指摘してきた。[*20] 計量調査の結果に加え、もう一つの根拠となるのが、米国のギャラップ社による潜在的な人の移動可能性を測る調査をもとにした指標（Potential Net Migration Index）だ。[21] これによると、日本は「潜在的な高度人材の純流出国」と位置づけられている（表7－1）。

この調査は、世界152ヵ国の約45万人に対して海外への永住志向と永住希望先を聞いたものであり、実際の永住状況を示すものではない。しかし、潜在的な可能性とはいえ、日本から海外への永住を希望する日本人大卒者の数が、日本への永住を希望する外国人大卒者の数を上回っており、実際に移動が可能になれば、国内の大卒者の数が8％減ってしまうことを意味する。シンガポールではプラス185％、豪州はプラス158％と、海外からの大卒者の潜在的流入が流出を大幅に超えている。ちなみにこの調査によれば、「大卒」に限定しなければ、日本でも流入超過となり、総人口は1％の増加、若者人口は51％の増加が予想される。だが、

表7-1●潜在的な大卒者の純流入・流出（2015-2017年調査データ）

国	潜在的な大卒者の純流入・流出
ニュージーランド	+333%
シンガポール	+185%
豪州	+158%
カナダ	+120%
フランス	+27%
ドイツ	+26%
アラブ首長国連邦	+22%
イタリア	+20%
米国	+7%
タイ	+3%
英国	−1%
日本	−8%
マレーシア	−19%
韓国	−37%

出典：ギャラップ社のPotential Net Migration Indexに含まれるPotential Net Brain Gain Index (2018) にもとづき筆者作成
注：主要国のみ記載。プラスは潜在的な大卒者の流入超過、マイナスは流出超過を表す

長期的に一定数の大卒者は必要であり、潜在性とはいえ、今後、日本に移住してくる外国人大卒者の数が、海外に永住する日本人大卒者の数を実際に補えなくなるとすれば、専門職の人材不足は今よりもさらに深刻になる可能性がある。

より生きやすい社会をめざして

こうした状況を踏まえると、人々が海外に移住していくことをごく限られた一部の人の動きだとして静観するのではなく、その要因となっている課題について、正面から真剣に向き合うべき時期に来ているのかもしれない。日本人にとって、より生きやすい社会を作ることは、外国人にも魅力的に映るはずだ。筆者が以前、日本に住む高度外国人材に行ったインタビュー調査では、「いずれは日本を出る」と答えた人が多かった。その理由は、日本における社会統合の難しさに加えて、ワーク・ライフ・バランスや子どもの教育、税制や年金問題、ジェンダー的課題など、まさに、日本人が海外移住をする際のプッシュ要因と同じものを含んでいたのだ。

日本社会の中に存在する様々なプッシュ要因を少しずつ取り除く努力をしていくことは、日本人にとっても、外国人にとっても、「より住み続けたい日本」を作っていくことにつながる。

筆者と堀内勇作氏の研究結果で海外への移住志向に影響を与えていた「日本経済の抱える長期的なリスク」をすぐに改善することは難しいかもしれない。だが、社会保障制度を維持するための方策など、より説得力のある具体的な改善策の発信は可能だろう。その次に重要だったワーク・ライフ・バランスなど「生活の質」に関しては、現在進められている働き方改革をより一層推進していくことによって改善が可能だろう。

筆者のインタビュー調査でリスクとして言及があった自然災害や有事についても、人々がより安心感を持てるような施策が望まれる。例えば、有事に備えて台湾が進めている「デジタル遷都」は、日本にとって参考になるかもしれない。台湾は2024年から3年かけて税や医療などの基盤データを複数の友好国のデータセンターに分散保存し、領土を攻撃されても行政機能をデジタル空間で維持するという。[*22]

自然災害や有事、特に官邸や霞が関が被災した場合のリスクに備えて、具体的な対応策を幅広く議論することは、国民の安心感を醸成するという観点からも有益であろう。

また、海外に永住する日本人の約6割が女性であることは、今後もジェンダー平等のさらなる推進や社会意識の変革が必要であることを示している。増田寛也《ますだひろや》氏の編著書『地方消滅』（2014年）では、地方の人口減少の長期予測に、出産可能な年齢の女性人口が用いられていたが、まさにこの年齢層の女性たちが海外に永住する割合が増えていくことは、さらなる少子化の加速につながる可能性がある。

ジェンダー平等や女性の活躍推進に関しては、日本においてこれまでも多くの取り組みが行われてきたが、前述のジェンダー・ギャップ指数でまだ世界125位と、他の先進国や新興国の後塵を拝している状況だ。内閣府の男女共同参画会議による『女性版骨太の方針2023』では、「女性活躍と経済成長の好循環の実現に向けた取組の推進」「女性の所得向上・経済的自立に向けた取組の強化」「女性が尊厳と誇りを持って生きられる社会の実現」の三本柱で政策を遂行していくとされている。今後、このようなジェンダー関連政策がこれまで以上に具体的に進展していくことを期待したい。また、この問題は、政府だけの問題ではなく、企業や個人の果たす役割も大きい。企業や人々の意識をより前進させていくことで、すべての人にとってより住みやすい日本を作っていくことは今からでも十分可能だろう。

世界のディアスポラ戦略

最後に、多くの国や地域が採用している「ディアスポラ戦略」について論じて本章の結びとしたい。富裕層や高度な知識やスキルを持った人々が海外に流出するという課題に直面する国は多い。そのため、1980年代からILO（国際労働機関）やUNDP（国連開発計画）、世界銀行などの国際機関が「ディアスポラ戦略」「ディアスポラ・エンゲージメント政策」と呼ばれる政策的アプローチを推奨してきた。これは、海外に移住した人々やその子孫（ディアスポラ）に祖国との関係を保持・深化してもらうことで、祖国の経済的・社会的な成長につなげることを目的としている。２００５年には、当時のコフィ・アナン国連事務総長が立ち上げた「国際移住に関するグローバル委員会」の最終報告書でこうした施策の重要性が強調された。*23

今では多くの国々が、海外に住むディアスポラに経済成長や貿易投資の拡大に寄与してもらうため、様々な戦略や施策を掲げている。国連による調査では、２０１９年の時点で、世界における81ヵ国・地域の政府が、政府内にディアスポラ関連の組織や部署を設置していた。*24同調査によれば、ディアスポラから国内への投資を推進する施策をとっている政府は全体の54%、税制優遇などの経済インセンティブを付与している政府は37%、海外在住の国民の帰還促進策をとっている国は33%であった。*25

制度的・経済的なインセンティブを付与した包括的な政策をとることで、海外移住者の流動性を高めて帰国しやすくしたり、母国やルーツのある国の社会・経済に貢献しやすくしたりすることは多くの国において望ましいことだと認識されている。この「ディアスポラ戦略」は、人材流出の深刻な途上国だけでなく、先進国や新興国でも採用されている。「ディアスポラ戦略」は幅広い概念で、多様な政策を内包する。主なものとしては、（1）

海外に永住した研究者や技術者など専門職の人々の帰国（頭脳循環）を推進する、（2）海外に永住した自国民や元国民、またその親族や子孫による母国での投資や起業を推進する、（3）海外に永住して国籍を離脱した元国民、およびその親族や子孫に一定の権利を付与する、（4）海外に永住した自国民や元国民、その親族・子孫が形成するコミュニティとの連携を強めることで、母国の経済・社会的発展に寄与してもらう、（5）海外に永住した自国民の複数国籍を認める、などの政策だ。特に（4）は、経済政策・開発政策の一部として位置づけている国々も多い。

グローバルな交流人口と関係人口

人口減少を機会と捉え直し、補完的なアプローチをとっていくことは、すでに日本国内でも「地方創生」という文脈で実践されている。人口減少に悩む地方自治体の中には、積極的に他の地域から人を受け入れ、成功しているところもある。人口が思うように増えなくても、地元産品のPRの機会でもある「ふるさと納税」の制度を使って、税収の減少を補っている自治体もある。

それぞれの地域に関心を寄せるのは、必ずしもその地域の出身者や住民だけではなく、多様な人々だ。地域外から勤務する人や観光客といった「交流人口」、地域に様々な形で関心を寄せる「関係人口」と呼ばれる人々もいる。総務省によれば、人口減少・高齢化により、地域づくりの担い手不足に直面している地方圏では、この「関係人口」と呼ばれる地域外の人材が担い手となり得る可能性に期待が寄せられている。[*26]

こうした地方創生における取り組みや成功例が、今後の日本の未来を考える際の貴重な示唆を与えているように思われる。国籍や居住地にかかわらず、仕事や観光で日本を訪れる「交流人口」と、日本に愛着を持ち、何らかの形で日本と関わっていきたいと感じる「関係人口」を増やしていくことは、日本の将来にとって大きなサポートとなる。これは、日本における人口減少による負の影響を和らげるアプローチになり得る。ディアスポラ関与政策の観点からすると、日本国籍の有無とは関係なく、日本を愛し、日本に送金や投資をしている人々が増えることは日本にとってメリットが大きい。

海外在住の多くの日本人やその親族は、仕事やプライベートで日本を頻繁に訪問するという意味で「交流人口」であり、日本に在住経験のある人々や日本に強い関心がある人々は「関係人口」と位置づけられるだろう。ＩＴ技術の発達で、日本に住んでいなくても、リアルタイムで顔を見ながら話せることができるようになったことも、海外における「交流人口」「関係人口」とのネットワークや絆の深化につながっている。

沖縄県では、実際にこのようなネットワークが組織化されている。「世界のウチナーネットワーク」だ。沖縄県出身者とその子孫を含む「沖縄県系人」は世界に約42万人いると推計されている。大規模な「交流人口」「関係人口」だ。こうした人々とつながることで、「沖縄独自のソフトパワーを通した多元的な交流をさらに発展させ」「沖縄の未来を切り開」くため、このネットワークが設立された。*27 1990年から2022年までは「世界のウチナーンチュ大会」が約5年ごとに開催されてきた。また、山口県や和歌山県も、海外にある県人会を通じて、海外在住の元県民やその親族たちとの交流を深めている。岡山県は、県民と海外で活躍する元県民のネットワーク「グローバル岡山県人会」を立ち上げ、海外でのビジネスや起業のチャンスを広げる取り組みを始めた。*28 これらは、海外のディアスポラ・コミュニティとの連帯や協働を進めるディアスポラ戦略の例として参考になるだろう。

アフィニティ・ディアスポラの潜在力

近年、移住研究の分野では、海外に移住した人々とその子孫たち（ディアスポラ）だけでなく、ある特定の国に愛着を感じる人々を「アフィニティ（親和的）・ディアスポラ」と呼び、その役割についても研究がされつつある。*29「アフィニティ・ディアスポラ」は、まさに、グローバルなレベルでの「交流人口」や「関係人口」のことだ。

例えば、日本にとっての「アフィニティ・ディアスポラ」は、以前、日本で働いていた外国人やその家族、日本企業と取引をしているビジネス関係者、日本が好きで頻繁に来日する観光客など、広汎な範囲の人々を指す。

民族や国籍にとらわれず、世界中に自国のサポーターを確保していくことで国の繁栄に結びつけるという新しいアプローチも現れてきた。ディアスポラ担当国務大臣のポジションがあるアイルランドでは、この「アフィニティ・ディアスポラ」という概念が施策に盛り込まれた。2020年に米国を訪問した際、コルム・ブロフィー大臣（当時）は「グローバルなアイルランド人を結ぶ：我々の新しいディアスポラ戦略」と題したスピーチの中でこう述べている。

「［我々の新しいディアスポラ戦略は］いわゆる『アフィニティ・ディアスポラ』と呼ばれる人々をも含んでいます。アイルランド人の祖先を持たず、アイルランドに住んだことがなくても、アイルランドとアイルランド文化に深いつながりを感じている人々です[*30]」

実は、この「アフィニティ・ディアスポラ」はすでに日本にも貢献している。筆者は日本の地方圏における外国人の投資家や起業家の役割についての研究も行っているが、以前、観光客や学生として日本を訪れた人々が、滞在した地方の自然や文化に魅せられて、起業や投資を始めた例がいくつもあるのだ。

「アフィニティ・ディアスポラ」が持つ潜在的な力は経済的なものにとどまらない。日本で災害や戦争といった国難が起きたとき、海外の日本人や日系人たちが作るディアスポラ・コミュニティや、日本に愛着や関心を持つアフィニティ・ディアスポラの支援は大きな力になる。東日本大震災の後には、多くの国や地域でこうした人たちが復興支援イベントを開催し、寄付金を募り、被災児童を一時的に受け入れるなど支援を行ってきた。現在も、2024年元旦に起こった能登半島地震を受けて、すでに世界各国で募金やチャリティ・イベントなどの支援の輪が広がっている。

ディアスポラもアフィニティ・ディアスポラも、日本のサポーターであり、応援団である。南海トラフ地震などの災害が起こったときには、このような人々の協力や支援は不可欠になる。日本政府は、日系人との関係強化など、すでに様々な措置を講じてきているが、世界でも多くの国が取り入れている「ディアスポラ戦略」あるいは「アフィニティ・ディアスポラ」という視点で、グローバルな交流人口や関係人口との連携をさらに深めていくことは、検討に値するのではないだろうか。

海外に住む日本人の多くが、日本の社会や経済に貢献し続けたいと願い、引き続き日本との強い紐帯を維持している。海外の日本人、日本に住む日本人と外国人、そして日本にルーツや愛着を持つ世界の人々が、協力し合い、それぞれの役割を果たしながら、日本をより生きやすく、住みやすく、活力のある社会に変革していくことは十分可能だろう。それこそが

「誰もが住み続けたい日本」につながる、日本の未来への希望の一つになるのではないだろうか。

おわりに

本書は、日本人の海外移住の背景と現実について、海外における動きも踏まえながら論じようとした試みである。海外移住の歴史から始まり、日本人移住者が持つ「自己実現」「生きやすさの模索」「リスク回避」「豊かさの追求」という四つの志向性、また海外に住むことで生じる課題を分析し、「誰もが住み続けたい日本」への方途を検討した。

日本人の海外移住に関しては、統計データが限られていることや、移住先の地理的範囲が広く、各国の法制度など複雑な要素が絡まっているため、包括的に全体像を把握することは容易ではない。海外移住者や移住をめざす人々の目的や置かれている状況は千差万別でもある。そのため、すべての論点を網羅することはできなかったが、日本人の海外移住の背景と現実について、できるだけ包括的に分析するよう努めた。

海外移住が内包するメリットやデメリットについても論じたことで、海外移住あるいは帰国について現実的に検討されている方々にとって、何らかのヒントになる部分があったとすれば、幸いである。また、海外移住と日本の未来について、日本に住む方々と海外のディアスポラ、そしてアフィニティ・ディアスポラの方々が、共に議論し協働できる機会が少しでも増えていくことを願っている。

本書は、筆者が2019年から2022年にかけて出版した9本の論文、およびオックスフォード大学、オーストラリア国立大学、大和日英基金などで行った研究発表、メディアの取材のために準備したデータやメモなどを中心に、最新（2023年）の統計と新たなインタビュー調査のデータを加えて執筆したものである。

本書および筆者のこれまでの研究は、快くインタビューに応じてくださった各国の日本人移住者、帰国者、移住コンサルタント、日本政府関係者、および識者の方々のご協力なしには完成し得なかった。特に、移住者の方々は、日本を離れることになった理由だけではなく、それぞれの国で暮らす中での喜びや悩みを、率直に共有してくださった。また、帰国者や帰国予定の方々は、海外で経験なさったご自身の変化や、日本で実現したい夢などについて語ってくださった。こうした情熱と才気にあふれる方々の帰国で、日本の未来はより明るいものになるだろう、と希望を感じた機会でもあった。

本書の執筆に際し、ダートマス大学教授の堀内勇作氏には、共同研究プロジェクトの結果を引用することをご快諾いただいただけではなく、ギャラップ社の最新データも共有していただいた。京都女子大学教授の嘉本伊都子氏は国際結婚に関するデータを共有してくださった。濱田《はまだ》伊織《いおり》氏（現・モナシュ大学講師）、伊藤《いとう》繭子《まゆこ》氏（現・タスマニア大学講師）、小野《おの》綾《あや》氏（現・日本アセアンセンター・プロジェクトマネージャー）には、筆者が立ち上げた海外移住者に関する二つの研究プロジェクトに研究助手として参加し、初期のインタビュー調査の一部を担当していただいた。心より感謝申し上げる。

なお、堀内氏との計量調査は日本経済研究センターからの研究奨励金、そしてインタビュー調査はメルボルン大学人文学部とメルボルン社会的公正研究所からの助成金の授与により実施できたことを感謝をもって付記したい。

中公新書編集部の田中正敏編集長、元編集部員の楊木文祥氏には、本の構想段階から貴重なコメントやアドバイスを頂戴した。また、家族や友人には、執筆のプロセスにおいて様々な相談にのってもらった。紙幅の関係で、お名前を挙げることができないが、他にも多くの方々にご協力をいただいた。すべての方々に厚く御礼申し上げる。

2024年2月

大石奈々

月８日.
27　沖縄県文化観光スポーツ部 交流推進課.「世界のウチナーネットワーク」.
28　岡山スタートアップ支援拠点「ももたろう・スタートアップカフェ」. 2021.「グローバル岡山県人会　発足のおしらせ」３月22日.
29　Ancien, Delphine, Mark Boyle, and Rob Kitchin. 2009. "Exploring Diaspora Strategies: An International Comparison." NUI Maynooth Workshop Report.
30　Brophy, Colm. 2020. "Connecting the Global Irish: Our New Diaspora Strategy." November 19. Embassy of Ireland, USA.

5　日本経済新聞．2013．「仏「税率75％」避け富裕層脱出」1月10日．
6　日本経済新聞．2015．「それぞれの反乱　富裕層増税、もろ刃の剣」7月26日．
7　Miltimore, Jon. 2023. "Why the 'Super Wealthy' Are Fleeing Norway at a Historic Pace." *FEE Stories*. Foundation for Economic Education. June 26.
8　日本経済新聞電子版．2013．「富裕層増税、62％が「妥当」」1月22日．
9　財務省．n.d.「法人課税に関する基本的な資料」．
10　V2CN. 2023.「深圳孔雀計画人才補貼政策解読」（中国語）．
11　Ho, Spencer. 2013. 'Unparalleled Brain Drain' as Israeli Universities Deteriorate." *The Times of Israel*. October 8.
12　Global Forum on Migration and Development. 2014. "Israel Brain Gain Program."
13　Klein, Zvika. 2023. "Israel Approves NIS 120 Million in Order to Combat Brain Drain." *The Jerusalem Post*. May 14.
14　Migration Data Portal. 2020. Migration and Dual Citizenship.
15　Leblang, David. 2017. "Harnessing the Diaspora: Dual Citizenship, Migrant Return Remittances." *Comparative Political Studies* 50(1): 75-101.
16　Ebeke, Christian Hubert. 2011. *Does the Dual-Citizenship Recognition Determine the Level and the Utilization of International Remittances? Cross-Country Evidence*. HAL Open Science. halshs-00559528.
17　日本経済新聞．2023．「ドイツ、二重国籍容認にカジ　「複数」取得が世界の潮流に」9月1日．
18　Migration Data Portal 前掲データ．
19　星野卓也．2017．「人手不足が変える日本経済②―外国人留学生・実習生にずっと頼れるわけではない」Economic Trends. 第一生命経済研究所．
20　Horiuchi and Oishi 前掲論文．
21　Gallup. 2024. Potential Net Migration Index.
22　日本経済新聞．2023．「台湾、有事に『デジタル遷都』ウクライナでも切り札に」12月18日．
23　Global Commission on International Migration. 2005. *Migration in an Interconnected World: New Directions for Action*. United Nations.
24　United Nations Department of Economic and Social Affairs, Population Division. 2019. "World Population Policies: International Migration [Global and Regional data]."
25　United Nations Department of Economic and Social Affairs, Population Division. 2020. *World Population Policies 2019*.
26　総務省．2022．「関係人口の創出・拡大に向けた取組について」2

14 Dunn, Kevin M., Kathleen Blair, Ana-Maria Bliuc, and Alanna Kamp. 2018. "Land and Housing as Crucibles of Racist Nationalism: Asian Australians' Experiences." *Geographical Research* 56(4): 465-478.
15 Stop AAPI Hate Reporting Center. 2022. *Stop AAPI Hate National Report*. December 31.
16 Fight Covid-19 Racism. 2022. *Another Year: Anti-Asian Racism Across Canada Two Years Into the COVID-19 Pandemic*.
17 Asian Australian Alliance and Osmond Chiu. 2021. *COVID-19 Racism Incident Report Survey Comprehensive Report 2021*.
18 Oishi, Nana. 2017. *Workforce Diversity in Higher Education: The Experiences of Asian Academics in Australian Universities*. University of Melbourne.
19 嘉本前掲書.
20 外務省. 2023.「ハーグ条約」
21 外務省. 2024.「ハーグ条約の実施状況」
22 Kawashima, Kumiko. 2021. "Why Migrate to Earn Less?: Changing Tertiary Education, Skilled Migration and Class Slippage in an Economic Downturn." *Journal of Ethnic and Migration Studies* 47(13): 3131-3149.
23 水谷竹秀. 2017.『だから、居場所が欲しかった。—バンコク、コールセンターで働く日本人』集英社.
24 PricewaterhouseCoopers. 2023. "Malaysia Individual – Other Taxes: Social Security Contributions Employees' Provident Fund (EPF)." December 6.
25 上野加代子. 2015.「国際移住高齢者のケア戦略—チェンマイでの調査から」『福祉社会学研究』12: 57-77.
26 西村菜穂子. 2020.「日本の国際引退移住者が直面するジレンマと政策課題—タイ王国チェンマイへの移住を事例として」『公共政策志林』8:145-160.
27 外務省. 2020.『2019年 海外邦人援護統計』.
28 外務省. 2022.『2021年 海外邦人援護統計』.
29 西村前掲論文.
30 武田前掲論文.

第7章

1 U.S. News & World Report. 2023. "U.S. News Best Countries."
2 Levitt, Peggy. 1998. "Social Remittances: Migration Driven Local-Level Forms of Cultural Diffusion." *International Migration Review* 32(4): 926-948.
3 Henley & Partners 前掲データ.
4 内閣府. 2015.『第25回税制調査会 資料 総25-1』.

17　Fafinski Mark & Johnson. n.d. "Preview of 2023 Estate Tax Exemptions and What to do Now."
18　Central Intelligence Agency. 2023. The World Factbook.
19　同上.
20　U.S. Citizenship and Immigration Services. "H-1B Electronic Registration Process."
21　U.S. Department of State. n.d. "Diversity Visa Program Statistics".
22　Federal Office for Migration and Refugees. 2023. "The EU Blue Card." November 18.
23　Australian Government Department of Home Affairs. 2023. "Skilled Migration Program: New Aged Care Industry Labour Agreement." November 22.
24　Weekly SingaLife. 2020.「特別レポート：日本人はシンガポールのローカル校に入れるの？」５月29日.
25　Reuters. 2023. "Spain Considers Ending or Curbing Controversial 'Golden Visa' Scheme." May 9.

第６章

1　トーマス・ハンマー（近藤敦監訳）. 1999.『永住市民（デニズン）と国民国家―定住外国人の政治参加』明石書店.
2　武田里子. 2020.「海外居住日本人が直面する国籍法11条１項の壁」『国際地域学研究』23: 67-85.
3　同上.
4　EOS Accountants LLP. 2023. 米国個人所得税確定申告シリーズ（6）「国籍離脱税」.
5　Solomon, Samson. 2023. "Vancouver Housing Market Outlook 2023." Nesto. September 1.
6　Carey, Charlie. 2023. "Want to Buy a Vancouver Home? You Need to Earn Nearly $250,000 a Year to Afford it." *City News*. September 19.
7　Statistics Canada. 2022. "Housing Experiences in Canada: Japanese People in 2016." October 12.
8　Statistics Canada. 2022. "Canada's Official Poverty Dashboard of Indicators: Trends." March.
9　Australian Bureau of Statistics. 2021. "People in Australia who were born in Japan."
10　Pew Research Center. 2021. "Japanese in the U.S. Fact Sheet."
11　Kiran, Tara, and Patricia O'Brien. 2015. "Challenge of Same-Day Access in Primary Care." *Canadian Family Physician* 61(5): 399-400.
12　Moir, Mackenzie, and Bacchus Barua. 2022. *Waiting Your Turn: Wait Times for Health Care in Canada*. Fraser Institute.
13　World Economic Forum. *Global Gender Gap Report 2023*.

り感―学校生活への適応や日本語の習得をめぐって」『聖心女子大学論叢』138: 19-46.
17　小野前掲書.
18　ロングステイ財団. 2010.『ロングステイ調査統計2010』.
小野真由美. 2012.「日本人高齢者のケアを求めた国際移動―マレーシアにおける国際退職移住とメディカルツーリズムの動向から」『アジア太平洋討究』18: 253-267.

第5章
1　Massey, Douglas S., Joaquin Arango, Graeme Hugo, Ali Kouaouci, Adela Pellegrino, and J. Edward Taylor. 1993. "Theories of International Migration: A Review and Appraisal." *Population and Development Review* 19(3): 431-466.
2　稗田奈津江, シティ ハミン スタパ, ノルマリス アムザ, ムサエブ ターライベク. 2011.「マレーシアマイセカンドホームプログラム政策の妥当性―日本人セカンドホーマーの視座から」『地域イノベーション』4: 35-46.
3　Economist Intelligence Unit. 2022. *Worldwide Cost of Living 2022*.
4　Bloomberg. 2023. "Singapore Apartments for Rent Under S$3,000 Are Disappearing." June 8.
5　日本貿易振興機構. 2023.「住宅賃料の急騰、2023年に沈静化へ」4月28日.
6　Mercer. 2023. *Cost of Living City Ranking 2023*.
7　日本貿易振興機構. 2023.「ASEAN 主要国のインフレ、ピーク越えとみられるも依然高水準」4月5日.
8　PricewaterhouseCoopers. 2023.「グローバル・ミニマム課税と今後の税務部門の体制」11月1日.
9　Singapore Economic Development Board. 2023. *Global Investor Programme*. August 2.
10　外務省.『海外在留邦人数調査統計』平成29年版および令和4年版データ.
11　KPMG. 2022.「UAE における法人税導入について」2月2日.
12　日本経済新聞. 2023.「ドバイの商工会議所、東京に拠点　進出企業を支援」11月15日.
13　Australian Government Department of Home Affairs. 2023. "Investor Stream."
14　New Zealand Immigration. n.d. "Active Investor Plus Visa."
15　Gouvernement du Québec. 2023. "Immigrate to Québec as an Investor."
16　U.S. Citizenship and Immigration Services. 2022. "About the EB-5 Visa Classification."

How to Really Find Japanese Wife." June 6.
19　鈴木綾. 2022.「日本には「三つの災禍」がある。ロンドンに「避難」した30代女性が伝えたいこと」. FRaU 5月21日.
20　コバヤシ前掲論文.
21　酒井千絵. 1998.「ジェンダーの規定からの解放―香港における日本人女性の現地採用就労」『ソシオロゴス』22: 137-152.
22　Tamagawa, Masami. 2020. *Japanese LGBT Diasporas*. Springer International Publishing.

第4章
1　Oishi and Hamada 前掲論文.
2　内閣府. 2022.『南海トラフ地震の被害想定等について』3月4日.
3　Oishi and Hamada 前掲論文.
4　Horiuchi and Oishi 前掲論文.
5　内閣府. 2018.『自衛隊・防衛問題に関する世論調査』.
6　大森前掲書.
7　Horiuchi and Oishi 前掲論文.
8　日本経済新聞電子版. 2015.「さよなら日本、「海外脱出組」の言い分　覆面座談会 税金考」7月27日.
9　Aye, Alice, and Bernard Guerin. 2001. "Astronaut Families: A Review of their Characteristics, Impact on Families and Implications for Practice in New Zealand." *New Zealand Journal of Psychology* 30(1): 9-15.
10　Zhou, Min. 1998. '"Parachute Kids" in Southern California: The Educational Experience of Chinese Children in Transnational Families', *Educational Policy* 12(6): 682-704.
11　Huang, Shirlena, and Brenda S.A. Yeoh. 2011. "Navigating the Terrains of Transnational Education: Children of Chinese 'Study Mothers' in Singapore." *Geoforum* 42(3): 394-403.
12　Aye and Guerin 前掲論文.
13　Nagatomo, Jun. 2008. "Globalisation, Tourism Development, and Japanese Lifestyle Migration to Australia." In *Development in Asia: Interdisciplinary, Post-Neoliberal, and Transnational Perspectives*, edited by Derrick M. Nault, 215-236. BrownWalker Press.
14　Organisation for Economic Cooperation and Development (OECD). 2018. *Preparing Our Youth for an Inclusive and Sustainable World: The OECD PISA Global Competence Framework*.
15　Igarashi, Hiroki. 2020. "Gendered Lifestyle Migration in Asia: Japanese Transnational Families in Malaysia." In *Handbook on Gender in Asia*, edited by Shirlena Huang and Kanchana N. Ruwanpura, 305-322. Edward Elgar Publishing.
16　杉原真晃. 2021.「障害があり、かつ海外から帰国した子どもの困

26　*The Guardian*. 2023. "Rental Vacancy Rate Plummets to Record Low as Australia's Housing Crisis Deepens." September 9.
27　大石，小野前掲論文.
28　日本ワーキング・ホリデー協会前掲データ.
29　U.S. Department of State. 2023. "Australia." *2023 Trafficking in Persons Report*.

第３章
1　Benson, Michaela, and Karen O'Reilly, eds. 2016. *Lifestyle Migration: Expectations, Aspirations and Experiences*. Routledge.
2　Khoo et al. 前掲論文.
3　長友淳．2013.『日本社会を「逃れる」—オーストラリアへのライフスタイル移住』彩流社.
4　Horiuchi and Oishi 前掲論文.
5　藤原綾乃．2017.『技術流出の構図—エンジニアたちは世界へとどう動いたか』白桃書房．第２刷.
6　同上.
7　加峯隆義．2009.「韓国企業に在籍する日本人技術者の役割」『韓国経済研究』8:51-59.
8　藤原前掲書.
9　National Association of Colleges and Employers. 2016. *First Destinations for the College Class of 2015*.
10　村上由紀子．2010.『頭脳はどこに向かうのか—人「財」の国際移動』日本経済新聞出版社.
11　服部素之．2020.「中国の大学に移った日本人研究者が明かす「海外流出」の事情」『プレジデント・オンライン』10月２日.
12　三浦惇平．2023.「稼ぐ 日本人の「得意」が武器」朝日新聞．８月17日.
13　NHK．2021.「日本に帰りたくない？ ノーベル賞受賞 真鍋さんのメッセージ」12月14日.
14　嘉本伊都子．2022.「日本における子奪取条約と子どもたちの声」『現代社会研究科論集京都女子大学大学院現代社会研究科紀要』16: 1-27.
15　杉本良夫．2000.『オーストラリア—多文化社会の選択』岩波新書.
16　オードリー・コバヤシ．2003.「ジェンダー問題〈切り抜け〉としての移民—日本人女性のカナダ新移住」岩崎信彦，ケリ・ピーチ，宮島喬，ロジャー・グッドマン，油井清光編著『海外における日本人、日本のなかの外国人—グローバルな移民流動とエスノスケープ』昭和堂．224-238頁.
17　嘉本伊都子．2008.『国際結婚論!?—現代編』法律文化社.
18　*The World Financial Review*. 2022. "Japanese Mail Order Bride Guide:

Society 5.0. 第一生命経済研究所.
5　文部科学省．2023.『令和3年度高等学校等における国際交流等の状況について』.
6　文部科学省同上 および 内閣官房前掲情報.
7　一般社団法人海外留学協議会．2019.『海外留学協議会（JAOS）による日本人留学生数調査2019』.
8　産業能率大学．2017.「第7回 新入社員のグローバル意識調査」.
9　日本ワーキング・ホリデー協会．2019.「オーストラリア賃金問題アンケート調査」.
10　外務省．2023.「ワーキング・ホリデー制度」.
11　NHK News. 2020.「豪州「ワーキング・ホリデー」7割近くで最低賃金以下の報酬」1月27日.
12　Australian Government Department of Home Affairs. 2023. Working Holiday Maker Visa Program Report. June 30.
13　日本ワーキング・ホリデー協会前掲データ.
14　Kato 前掲論文.
15　藤岡伸明．2017.『若年ノンエリート層と雇用・労働システムの国際化―オーストラリアのワーキングホリデー制度を利用する日本の若者のエスノグラフィー』福村出版.
16　同上.
17　Richards, Greg, and Julie Wilson, eds. 2004. *The Global Nomad: Backpacker Travel in Theory and Practice*. Vol. 3. Channel View Publications.
18　下川裕治．2007.『日本を降りる若者たち』講談社現代新書.
19　日本ワーキング・ホリデー協会前掲データ.
20　Sullivan, Kath. 2020.“Unions Want Working Holidaymaker Visa Axed, Say Pandemic Shows Farmers' Over-Reliance on Backpackers.” ABC News. August 11.
21　Oishi, Nana, and Aya Ono. 2020. “North-North Migration of Care Workers: “Disposable” Au Pairs in Australia.” *Journal of Ethnic and Migration Studies* 46(13): 2682-2699.
22　Commonwealth of Australia. 2014. *Childcare and Early Childhood Learning*. Australian Government Productivity Commission.
23　大石奈々，小野綾．2020.「ケア労働者の「北―北」移動―豪州における日本人若年女性の低賃金労働とその課題」松尾昌樹，森千香子編著.『グローバル関係学6　移民現象の新展開』岩波書店．205-228頁.
24　日本ワーキング・ホリデー協会前掲データ.
25　佐久間誠．2023.「コロナ禍における賃貸マンション市場の動向―賃貸管理データより算出された空室率に基づく分析」ニッセイ基礎研究所．10月10日.

２日.
10　Oishi, Nana. 2014. “Introduction: Highly Skilled Migration in Asia and the Pacific.” *Asian and Pacific Migration Journal* 23(4): 365-373.
11　Hollifield, James F., Philip L. Martin, and Pia M. Orrenius, eds. 2014. *Controlling Immigration: A Global Perspective*. 3rd. ed. Stanford University Press.
12　大石奈々. 2018.「高度人材・専門人材をめぐる受入れ政策の陥穽—制度的同型化と現実」.『社会学評論』68(4): 549-566.
13　Roberts, Georgia. 2023. “Three Key Takeaways of the Federal Government's Migration Review.” ABC News. December 11.
14　Piore, Michael J. 2018. “The Dual Labor Market: Theory and Implications.” In *Social Stratification, Class, Race, and Gender in Sociological Perspective*, 2nd ed., edited by David B. Grusky, 629-640. Routledge.
15　Makimoto, Tsugio, and David Manners. 1997. *Digital Nomad*. John Wiley & Sons.
16　A Brother Abroad. 2023. “63 Surprising Digital Nomad Statistics” [Analysis Updated for 2023].
17　World Tourism Organization. 2023. UNWTO Brief: Digital Nomad Visas.
18　読売新聞オンライン. 2024.「世界に3500万人「デジタルノマド」に在留資格…年収1000万円以上など要件」２月２日.
19　Henley & Partners. 2023. *The Henley Private Wealth Migration Report*. June 13.
20　Shachar, Ayelet, and Rainer Bauböck, eds. 2014. *Should Citizenship be for Sale?* RCS Working Paper. European University Institute.
21　European Parliament News. 2022. “MEPs Call for a Ban on ‘Golden Passports’ and EU rules for ‘Golden Visas.’ February 15.
22　日本経済新聞. 2011.「武富士元専務への課税取消し 2000億円還付へ」２月18日.
23　大森前掲書.

第２章
1　文部科学省. 2023.「「外国人留学生在籍状況調査」及び「日本人の海外留学者数」等について」.
2　厚生労働省. 1994, 2022『国民生活基礎調査の概況』.
3　内閣官房. 2023. 第６回 教育未来創造会議 ４月27日 配布資料「参考データ集」.
文部科学省. 2022.「学生の海外留学に関する調査2022」.
4　神村玲緒奈. 2022.「なぜ米国大学への長期留学生は減ったのか—長期留学を阻むTOEFL® スピーキングの壁」Compass for SDGs &

26　佐藤真知子．1993．『新・海外定住時代―オーストラリアの日本人』新潮社．
27　Khoo, Siew-Ean, Peter McDonald, Carmen Voigt-Graf, and Graeme Hugo. 2007. "A Global Labor Market: Factors Motivating the Sponsorship and Temporary Migration of Skilled Workers to Australia." *International Migration Review* 41(2): 480-510.
28　外務省．2023．「ワーキング・ホリデー制度」．
29　Kato, Etsuko. 2010. "True Self, True Work: Gendered Searching for Self and Work among Japanese Migrants in Vancouver, Canada." *Japanese Review of Cultural Anthropology* 11: 47-66.
30　松谷実のり．2015．「若者はなぜ「現地採用者」になるのか―上海への移住労働者を作り出すメカニズムの視点から」『ソシオロジ』60(2): 95-113.
31　日本貿易振興機構．2022．『2022年度 海外進出日系企業実態調査―全世界編』11月24日．
32　読売新聞．1987．「シルバー・コロンビア計画」1月6日．
33　小野真由美．2019．『国際退職移住とロングステイツーリズム―マレーシアで暮らす日本人高齢者の民族誌』明石書店．
34　大森健史．2022．『日本のシン富裕層―なぜ彼らは一代で巨万の富を築けたのか』朝日新書．

第１章

1　総務省統計局．2023．「人口推計７月確定値」．
2　Oishi, Nana, and Iori Hamada. 2019. "Silent Exits: Risk and Post-3.11 Skilled Migration from Japan to Australia." *Social Science Japan Journal* 22(1): 109-125.
3　Canadian Broadcasting Corporation (CBC). 2023. "Gender Inequality Driving Wave of Female Japanese Immigrants to Canada." March 8.
4　Australian Bureau of Statistics. n.d. *People in Australia Who Were Born in Japan: 2021 Census Country of Birth QuickStats*.
5　Kerwin, Donald, Robert Warren, and Charles Wheeler. 2021. *Making Citizenship an Organizing Principle of the US Immigration System: An Analysis of How and Why to Broaden Access to Permanent Residence and Naturalization for New Americans*. Center for Migration Studies.
6　Gallup Worldwide Poll. 2022. "Intention to Move."（ダートマス大学堀内勇作氏より提供）．
7　Horiuchi, Yusaku, and Nana Oishi. 2022. "Country Risks and Brain Drain: The Emigration Potential of Japanese Skilled Workers." *Social Science Japan Journal* 25(1): 55-82.
8　OECD. 2023. Average Annual Wages.
9　PR Times. 2023.「移住者196名回答「出稼ぎ」報道への本音」３月

註　記

序　章

1　森公章．2019．『阿倍仲麻呂』吉川弘文館．

2　Befu, Harumi. 2010. "Japanese Transnational Migration in Time and Space." In *Japanese and Nikkei at Home and Abroad: Negotiating Identities in a Global World*, edited by Nobuko Adachi, 31-49. Cambria Press.

3　岩生成一．1966．『南洋日本町の研究』岩波書店．

4　太田尚樹．2022．『南洋の日本人町』平凡社新書．

5　ソウザ，ルシオ・デ，岡美穂子．2017．『大航海時代の日本人奴隷―アジア・新大陸・ヨーロッパ』中公叢書．

6　同上．

7　Hosokawa, Bill. 1969. *Nisei: The Quiet Americans*. William Morrow and Company.

8　犬塚孝明．2001．『密航留学生たちの明治維新―井上馨と幕末藩士』NHKブックス．日本放送出版協会．

9　樋口雄彦．2016．『幕臣たちは明治維新をどう生きたのか』洋泉社．

10　大石文朗．2019．「ハワイにおける日本人移民の変容に関する一考察―1868年から1946年までの出稼ぎ労働者から永住者へ」『教育総合研究』3: 17-30．

11　蘭信三編著．2013．『帝国以後の人の移動―ポストコロニアリズムとグローバリズムの交錯点』勉誠出版．

12　大石文朗前掲論文．

13　Lee, Erika. 2007. "The "Yellow Peril" and Asian Exclusion in the Americas." *Pacific Historical Review* 76(4): 537-562.

14　岡部牧夫．2002．『海を渡った日本人』．山川出版社．

15　国立国会図書館．2009．『ブラジル移民の100年』（オンライン資料）．

16　国際協力事業団．1994．『海外移住統計』．

17　蘭信三編著．2014．『日本帝国をめぐる人口移動の国際社会学』不二出版．第二刷．

18　国際協力事業団前掲資料．

19　嶽本新奈．2015．『からゆきさん―海外〈出稼ぎ〉女性の近代』共栄書房．

20　岡部前掲書．

21　蘭前掲書（2014）．

22　同上．

23　国立国会図書館前掲資料．

24　竹下修子．2000．『国際結婚の社会学』学文社．

25　国際協力事業団前掲資料．

大石奈々（おおいし・なな）

メルボルン大学アジア研究所准教授．移民政策学会理事．ハーバード大学大学院社会学研究科博士課程修了（社会学博士）．国際労働機関（ILO）政策分析官，国際基督教大学准教授，上智大学教授などを経て2013年から現職．専門は日本研究，移住研究，国際社会学．

著書 ***Women in Motion: Globalization, State Policies, and Labor Migration in Asia*** (Stanford University Press 2005).

論文 “Skilled or Unskilled?: The Reconfiguration of Migration Policies in Japan” (G. Liu-Farrer, B.S.A. Yeoh, and M. Baas, eds. ***The Question of Skill in Cross-Border Labour Mobilities***, Routledge 2023).
“Country Risks and Brain Drain: The Emigration Potential of Japanese Skilled Workers” (with Y. Horiuchi, ***Social Science Japan Journal*** 2022). ほか多数

流出《りゅうしゅつ》する日本人《にほんじん》
——海外《かいがい》移住《いじゅう》の光《ひかり》と影《かげ》
中公新書 *2794*

2024年３月25日発行

著　者　大石奈々
発行者　安部順一

本文印刷　三晃印刷
カバー印刷　大熊整美堂
製　　本　小泉製本

発行所　中央公論新社
〒100-8152
東京都千代田区大手町 1-7-1
電話　販売 03-5299-1730
　　　編集 03-5299-1830
URL https://www.chuko.co.jp/

Published by CHUOKORON-SHINSHA, INC.
Printed in Japan　ISBN978-4-12-102794-8 C1236

中公新書刊行のことば

いまからちょうど五世紀まえ、グーテンベルクが近代印刷術を発明したとき、書物の大量生産は潜在的可能性を獲得し、いまからちょうど一世紀まえ、世界のおもな文明国で義務教育制度が採用されたとき、書物の大量需要の潜在性が形成された。この二つの潜在性がはげしく現実化したのが現代である。

いまや、書物によって視野を拡大し、変りゆく世界に豊かに対応しようとする強い要求を私たちは抑えることができない。この要求にこたえる義務を、今日の書物は背負っている。だが、その義務は、たんに専門的知識の通俗化をはかることによって果たされるものでもなく、通俗的好奇心にうったえて、いたずらに発行部数の巨大さを誇ることによって果たされるものでもない。現代を真摯に生きようとする読者に、真に知るに価いする知識だけを選びだして提供すること、これが中公新書の最大の目標である。

私たちは、知識として錯覚しているものによってしばしば動かされ、裏切られる。私たちは、作為によってあたえられた知識のうえに生きることがあまりに多く、ゆるぎない事実を通して思索することがあまりにすくない。中公新書が、その一貫した特色として自らに課すものは、この事実のみの持つ無条件の説得力を発揮させることである。現代にあらたな意味を投げかけるべく待機している過去の歴史的事実もまた、中公新書によって数多く発掘されるであろう。

中公新書は、現代を自らの眼で見つめようとする、逞しい知的な読者の活力となることを欲している。

一九六二年一一月

社会・生活

中公新書

教育・家庭

m1